时光塔丛书

大同释义

中国社会变迁史

吕思勉 著

上海交通大学出版社
SHANGHAI JIAO TONG UNIVERSITY PRESS

内容提要

　　吕思勉是 20 世纪的史学名家，其著述规模恢宏，博赡丰实，既注重考据，又擅于融会贯通，素为学术界所推重。这部著作初名《中国社会变迁史》，后改名为《大同释义》，先后用文言、白话撰写过两次，完稿于 1933—1934 年间。原稿系他任教上海光华大学，讲授"中国社会发展史"用的讲稿。作者自称是一个空想的大同主义者，服膺孔子的大同学说，遂用孔子的学说来阐释中国古代社会的变迁。作者认为，大同之世并不是空想而是在历史上确有的史实，它不仅是孔子所想望，也是我们心所向慕和祈求的社会；我们应该坚定信心，努力以回复那美好平和的大同社会。《大同释义》系统地阐述了作者的大同思想，是作者的"历史哲学"；作者用孔子的大同学说来诠释中国古代历史的演变，其中也融入了不少当时西方社会科学的研究成果，此可见得中国传统思想固有的精神，以及传统历史理论的特色。《大同释义》也可看作研究中国近现代社会思潮的一份珍贵资料。书后附有作者《自述》，比较详细叙述了自己治学之路和成果得失。

图书在版编目(CIP)数据

大同释义：中国社会变迁史／吕思勉著．—上海：
上海交通大学出版社，2018（2019.8重印）
ISBN 978-7-313-19056-7

Ⅰ.①大… Ⅱ.①吕… Ⅲ.①大同(政治主张)—研究
Ⅳ.①D092

中国版本图书馆 CIP 数据核字(2018)第 041421 号

大同释义
——中国社会变迁史

著　　者：吕思勉
出版发行：上海交通大学出版社　　　　地　　址：上海市番禺路 951 号
邮政编码：200030　　　　　　　　　　电　　话：021-64071208
印　　制：三河市兴国印务有限公司　　经　　销：全国新华书店
开　　本：880 mm×1230 mm　1/32　　印　　张：6.625
字　　数：148 千字
版　　次：2018 年 3 月第 1 版　　　　　印　　次：2019 年 8 月第 2 次印刷
书　　号：ISBN 978-7-313-19056-7/D
定　　价：98.00 元

出版说明

　　吕思勉(1884—1957)，字诚之，江苏武进人。曾任教于光华大学、华东师范大学，50 年代被评为一级教授。吕思勉是 20 世纪的史学名家，其治学涉及史学、文学、经学、文字学、文化思想、民族学等多个领域，代表作有：《白话本国史》《吕著中国通史》《先秦史》《秦汉史》《两晋南北朝史》《隋唐五代史》《中国民族史》《中国制度史》以及多种教材和文史通俗读物，著作总量约 1200 万字，其后学编成《吕思勉全集》26 册出版。其著述规模恢宏，博赡丰实，既注重考据，又擅于融会贯通，对中国现代史学的发展具有重大的影响，素为学术界所推重。

　　《大同释义》是吕先生任教上海光华大学，讲授"中国社会发展史"用的讲稿。作者自称是一个空想的大同主义者，服膺孔子的大同学说，遂用孔子的学说来阐释中国古代社会的变迁。作者认为：孔子所说的大同、小康、乱世的划分，足以代表中国古代社会变迁的三个时期：大约最古的农耕社会，就是孔子所述的大同之世，也是老子所理想的"郅治之极"；自炎、黄之争以后，大同之世渐入于小康；小康之治，历禹、汤、文、武、周公数世，又渐转入乱世。大同小康等世运之升降，显示了古代社会变迁的轨迹。其时，社会虽转入乱世，但试图改革而重归大同的努力，并未放弃。自先秦、西汉，乃至新莽，社会改革的思想及其实践，一波接着一波，从未停息。作者认为，大同之世并不是空想而是在历史上确有的史实，它不仅是孔子所想望，也是我们心所向慕和祈求的社会；我们应该坚定信心，努力以回复那美好平和的大同社会。作者自言：童年时最信儒家的张三世之说，向往世界大同，对于康、梁的大同及张三世之说，深加钦佩；"所笃信而想往者，为大同之境及张三世之说，以为人莫不欲善，世界愈变必愈善，既愈变而愈善，则终必至大同而后已。"这种植根于髫龄时代读康、梁著作而形成的见解，终其一生也未尝改变。

《大同释义》系统地阐述了作者的大同思想，是作者的"历史哲学"；作者用孔子的大同学说来诠释中国古代历史的演变，其中也融入了不少当时西方社会科学的研究成果，此可见得中国传统思想固有的精神，以及传统历史理论的特色；作为一个纯粹的史学家，作者的大同思想与他对历史的诠释，从另一个侧面反映了近代以来传统的知识分子易于接受社会主义的一个缘由，故《大同释义》也是研究中国近现代社会思潮的一份珍贵资料。

吕先生的这部书，初名《中国社会变迁史》，后改名为《大同释义》，用文言、白话两次撰写，足见作者对这部著作的重视。文言稿完成于1933年暑假前，白话稿撰写于1933年暑假后至1934年9月。文言稿以《孔子大同释义》为题发表于1935年第10、11期《文化建设》月刊上，后收入吕先生《中国文化思想史九种》；白话稿曾收入《吕思勉遗文集》和《中国文化思想史九种》，2016年7月上海交通大学出版社影印出版了吕先生手稿四册。现将文言、白话两稿一并整理汇编，并附以作者在1952年撰写的《自述》，供读者完整了解吕先生对于中国古代社会思想的独特诠释。

目　录

大 同 释 义

自　识

　　《文化建设》月刊编者以孔子之思想，征文于予。夫孔子之思想，其大不可以一言尽也。抑后人之立说者，莫不自附于孔子，究之孰为孔子之真传？孰为后人所传益？又不易辨也。然今日阐发孔子之思想，所急尚不在此。盖圣哲之立说，必因乎其时；即后人之所传益者亦然。说之宜于一时者，未必其宜于异时，此泥古之所以病也。孔子治天下之法，具于《春秋》。《春秋》大义，在张三世。三世者：曰乱世，曰升平世，曰大平世，实与《礼记·礼运》"大同""小康"之义合。孔子谓世运之降，由大同入小康，由小康入乱世；欲逆而挽之，进于升平，更进于大平也。孔子教义，传于后世，及后人所推阐者，皆以治小康之法为多；其说不尽宜于今，遂为今人所诋訾，若将大同之义，阐而明之，则其广大精微，而无所偏党，尚有非今人所能逮者，绝无陈旧不适于时之诮矣。然大同之义，非可以空言释，非根据社会科学，阐明孔子思想之所由来，固无以服今人之心；抑非此，亦不足以阐明孔子之说也。兹篇之作，意在于是。学识陋劣，安能有当？尚望当代通人，惠而教之。民国二十四年五月，武进吕思勉自识。

一、论大同究实有其事抑系孔子想望之谈

　　大同为治化最高之境,在今日已无疑义;所争者,果为往古实有之事,抑孔子想望之谈耳。想望之谈,原非必不可见诸实事,然较之曾见诸实事者,其难易终有间矣。故就此问题,加以讨论,实于世人对大同之信心,颇有关系也。

　　大同之说,以予观之,当系实事。诸子百家,论世运升降,多以皇帝王霸,分别隆污;如《管子·乘马》云:"无为者帝,为而无以为者王,为而不贵者霸。"《兵法》云:"明一者皇,察道者帝,通德者王,谋得兵胜者霸。"又如《史记·商君列传》载商君见秦孝公,初说之以帝道,继说之以王道,终乃说之以霸道。且皆同仞邃古之世,曾有一黄金世界;一也。孔子曰:"大道之行也,与三代之英,丘未之逮也,而有志焉。"郑注曰:"志,谓识,古文。"此以识字释志字;又申言之,谓所谓志者,即系古书也。识字读。古文为东汉人称古书之辞,见王静庵《汉代古文考》。三代之英,指禹、汤、文、武、成王、周公,皆实有其人;其事亦皆布在方策;安得论大同之世,独为想望之谈? 二也。人之思想,不能无藉乎境。所谓圣哲,亦其识高愿弘,不论处何境地,总觉有所不足,而思有以改正之耳。谓其能超出境地之外,凭空树一新说,无是理也。故大同必实有其事者也。

二、论大同之世当在何时

　　然则所谓大同者，当在何世邪？社会演进，自有定法。既认大同之世为实有之事，自当根据社会演进之理，求之故籍矣。

　　人类之仁暴，恒因其所处之境而异；而其资生之具，则食为尤急。故社会学家分别演进之等级，有以其取得食物之法定之者。曰搜集，曰渔猎，此取物以自养者也。曰牧畜，曰耕农，此育物以自养者也；搜集之世，无足言已。渔猎之民，习于杀伐；然因食物不足，不能合大群，故不能为大患。牧畜之民，生事已较饶足，然所需土地亦多；其所合之群较大；而便于移徙；又多兼业射猎，渔猎之世，杀伐之气未消，而其技亦甚娴；故其人多好侵略，而其势亦特强。惟农耕之民，所事既极和平，生计又最宽裕。有协力以对物，无因物而相争。群之内甚为安和，于群以外，亦不事侵略。社会最善之组织，乃于此出见焉。孔子所谓大同，盖指此等社会言之也。

　　昔时言社会演进者，多谓人类之生计，必自渔猎进于牧畜，自牧畜进于耕农，其实不然。渔猎之或进为牧畜，或进为农耕，盖亦视乎其地。以欧洲之已事言之：大抵草原之地，多进于牧畜；山林川泽之地，则进于农耕。吾国亦然。古帝事迹，足以考见社会演进之迹者，莫如巢、燧、羲、农。巢、燧事迹，见于《韩子·五蠹》篇，其为渔猎之世，了无疑义。伏羲，旧说谓其能驯伏牺牲，故称伏牺；又谓其能取牺牲，以充庖厨，故又曰庖牺；实皆望文生义。伏羲乃“下伏而化之”之义，见于《尚书大传》。其时生计，则《易传》谓其：“为网罟以佃以渔。”《尸子》亦曰：“燧人之世，天下多水，故教民以渔；伏羲之世，天下多兽，故教民以猎。”其在渔猎之世，亦无足疑。“神农”二字，本农业之义。《礼记·月令》：季夏之月，“毋发令以妨神农之事。水潦盛昌，神农将持功。”神农氏亦称烈山氏。烈山，即《孟子》“益烈山泽而焚之”之烈山，谓其起于湖北随县之厉山者，谬也。八蜡之祭，始于伊耆。伊耆氏或以为尧，或以为神农，皆农业始于神农时之证。系世之职，掌于小史，其传于后者，世次虽不完具，记载要非虚诬。燧人风姓，见郑注《通卦验》。伏羲亦风姓，其后有任宿，须句，颛臾，见《左氏·僖公十一年》，神农姜姓，则其后裔之存者甚多，不胜征引矣。系世虽主记名氏世次，于行事之大者，亦不得无传，如《史记·夏殷本纪》，仅记传授，盖即本于系世，然于殷代诸主，亦略记其时盛衰；又如太康失国，虽不言其所由，然亦言其“昆弟五人，须于洛汭”是也。假使风姓姜姓，嬗代之间，有如阪泉、涿鹿之役，古史不应无迹可求，今也不然。又《商君书·画策》篇曰：“神农之世，男耕而食，妇织而衣；刑政不用而治，甲兵不起而王。神农既殁，以强胜弱，以众暴寡。故黄帝内行刀锯，外用甲兵。”此为炎帝之族好和平，黄帝之族乐战斗之铁证。炎黄之际，盖古史之一大转折矣。

有巢氏治石楼山，在琅邪南，见《遁甲开山图》。燧人氏出旸谷，分九河，见《春秋命历序》，鲁有大庭氏之库。为神农遗迹，见于《左传》。地皆在今山东。伏羲氏都陈，亦距山东不远。汉族文明，盖起黄河下游泰山两侧，正山林川泽之地。黄帝之族，盖起于河北。黄帝邑于涿鹿之阿。涿鹿，张晏谓在上谷，盖因汉世县名傅会；不如服虔说谓在涿郡之可信。涿郡即今河北涿县，正平坦宜于牧畜之区也。黄帝"迁徙往来无常处，以师兵为营卫"，其为游牧之族可见。东至海，西至空同，南至江，北合符釜山，亦非游牧之族，不能有此远迹。教熊罴貔貅䝙虎，又可见其兼事射猎。阪、泉涿鹿之战，盖以野蛮猎牧之民，克文明农耕之民者也。

　　然黄帝虽以兵力，击炎帝之族而破之，至于文明，则一切采自炎族。何以言之？案吾国最古之文化，起自渔猎之世，而递嬗于耕农之世，有诚证焉。明堂者，古政教之府也。明堂亦称辟雍。辟即璧，玉肉好若一曰璧，盖言水之周环。雍今雍字。西北积高，故称雍州，则辟雍者，水中积高之处也。汉武帝时，公玉带上《明堂图》，水环宫垣，为复道。上有楼，从西南入，名为昆仑。见《史记·封禅书》。古无岛字，洲字即岛字。州、洲同字，尤显而易见。人所聚曰州，水中可居者亦曰洲，隆古岛居可见。明堂之水环宫垣，筑城之必凿池，盖皆其遗象也。古代一切政令，皆出明堂，读惠定宇《明堂大道录》可见。其要义，一言蔽之，在于顺时行令。颜渊问为邦，孔子首告以行夏之时，精意实在于此，非徒争以建寅之月为岁首也。夫顺时行令，则农业国之要义也。农耕之世，政令之枢，实沿自渔猎之世，河南民族，为自渔猎径进于农耕，概可见矣。明堂者，唐虞之五府，夏之世室，殷之重屋。《史记·五帝本纪》《索隐》引《帝命验》。晚周之世，遗迹犹存。齐宣王问孟子："人皆谓我毁明堂，毁诸？已乎？"孟子曰："夫明堂者，王者之堂也，王欲行王政，则勿毁之矣。"可见羲农之族，政教之府，仍为黄帝之后所严畏。此为黄族文化因仍炎族之最大端。又《世本·作》篇，纪制度器物之原，十九皆在黄帝之世，虽曰古代传言，率多不审，不足深考，然何以托之某人，某世，亦必仍有其由。凡诸制度器物，虽不必皆始黄帝时，而黄帝时之能尽其用，则皎然可知。世岂有发明之事，如是其风起云涌者哉？其必采自异族,无可疑矣。故炎族者,东方之希腊,犹太,黄族则罗马也。蚩尤姜姓,炎帝之族也。古书多言蚩尤作兵,而《易传》言黄帝弦木为弧,剡木为矢,两族文明程度之高低,亦于此可见。

古帝世系,可征者盖始黄帝,故《太史公书》,托始于是。黄帝,颛顼,帝喾,身相接否,不易质言,然相去必不能甚远。尧、舜、禹之相接,夏、殷、周之递嬗,则无可疑者矣。颛顼、帝喾两代,无甚事迹可考。黄帝以后,治化盖以唐虞为隆。《尚书》虞夏同科,治法当无大异。夏传子与周同,殷人顾兄弟相及,类于后世之句吴,二者疑非同族。然兴朝之治法,多取诸胜国,治化之同异,实与民族之同异无干,犹辽、金、元、清,荐居上国,未尝不袭宋明之法也。儒书杂引四代之制,无不小异大同,羲农之族之治化,有演变而无废坠可知。然则大同之世,虽文献无征,固可于小康之世之遗迹求之矣。

三、论大同之世之情形

大同之世之情状,果何如乎?请据后世之事以推测之。

孔子述大同之制曰:"男有分。"分谓分地,盖井田之制,为大同之世之遗法也。土地之不容私有,理极易明;而其非可私有,亦事极易见。井授之法,特以耕作不容不分,故家界之以若干亩;非谓土地为其所有,是以有还受之法焉。其授田也,与其谓界之以业,毋宁谓责之以役。"肥饶不得独乐,硗角不得独苦,故三年一换主易居",《公羊·宣公十五年》《解诂》。盖亦后世之事。何者?惟所获皆藏于己,然后肥饶者见为乐,硗角者见为苦;若其不藏于己,则肥瘠皆公众之肥瘠耳,何苦乐之有哉?

群之内土地之法如此,群与群之间,虽各有疆界,亦不相侵夺。《春秋》曰:"器从名,地从主人。器之于人,非有即尔。地之于人则不然,俄而可以为其所有矣。"《解诂》曰:"凡人取异国物,非就有,皆持以归。为后不可分明,故正其本名。土地各有封疆里数;后王者起,兴灭国,继绝世,反取邑,不嫌不明;故不复追录系本主。"桓公二年。孟子谓慎子曰:"周公之封于鲁,为方百里也,今鲁方百里者五,子以为有王者作,则鲁在所损乎?在所益乎?"《告子下》。国与国之疆界,原于部落与部落之疆界,侵夺者必归本主,此古部落之间土地之法也。亦讲信修睦之一端也。

田以外之土地，古人总称为山泽，无分赋之法，以其用之无须分也。其用之有定法当守，如数罟不入洿池，斧斤以时入山林是也。所以惜物力也。

简易之器，人人能自为之；其较难者，则有专司其事之人。《考工记》曰："粤无镈，燕无函，秦无庐，胡无弓车。粤之无镈也，非无镈也，夫人而能为镈也。燕之无函也，非无函也，夫人而能为函也。秦之无庐也，非无庐也，夫人而能为庐也。胡之无弓车也，非无弓车也，夫人而能为弓车也。"《注》："言其丈夫人人皆能作是器，不须国工。"东印度农业共产社会，木工、陶工、理发工，各有专职，不事种植，禄以代耕，见波格达诺夫《经济科学大纲》，施存统译本。知后世之工官，原于古之共产社会也。此乃分职之一，非以牟利。

商业行于群与群之间。群之内皆公产。无所谓交易也。隆古社会，生活必须之物，率能自给。有求于外者，非凶荒札丧之日，则干戈扰攘之年。郑之迁国，与商人俱，《左氏·昭公十六年》。卫为狄灭，文公通商；《左氏·闵公二年》。即由于此。商人所求，皆大众必须之物；而其求之也，又非以己之资本经营，而因以牟利；则是时之商人，特跋涉山川，蒙犯霜露，且冒寇盗侵略之危，为其群服役耳。固消费者之友而非其敌也。商亦分职之一也。

《王制》曰："冢宰制国用，必于岁之杪。五谷皆入，然后制国用。用地小大，视年之丰耗，以三十年之通制国用。量入以为出。"所谓三十年之通者？下文云："三年耕，必有一年之食；九年耕，必有三年之食。以三十年之通，虽有凶旱水溢，民无菜色，然后天子食，日举以乐。"《汉书·食货志》曰："三载考绩，三考黜陟，余三年食，进业曰登。再登曰平，余六年食。三登曰大平，二十七岁，遗九年食。然后王德流洽，德化成焉。故曰：如有王者，必世而后仁。"

知古之所谓太平者，不过有菽粟如水火而已。然人既受絜于群，而群之生计，宽裕如此，则真无一夫不获其所矣，安得不谓之大平？宰者，掌财政之官。自天子至于大夫皆如是。故《王制》制国用者为冢宰，《周官》亦然；冉求为季氏宰而为之聚敛；《论语·先进》。孔子谓颜渊亦曰"使尔多财，我为尔宰"也。《史记·孔子世家》。战胜之族，赋敛之司，安能恤民如是？其必大同之世制用之规，概可见矣。非徒通众力而合作，亦且合前后而通筹；自有赢余，以备空乏，又安用攘夺他人为哉？此其所以能讲信修睦也。

讲信修睦之遗规，亦有可见者。一无遏粜。葵丘之盟，以是列于载书。《穀梁·僖公九年》。《孟子·告子下》。晋饥，乞粜于秦，秦伯谓百里："与诸乎？"对曰："天灾流行，国家代有。救灾恤邻，道也，行道有福。"《左氏·僖公十三年》。此所谓道，盖亦大同之世之遗也。二曰更财。澶渊之会是也。诸侯相聚，而更宋之所丧，曰："死者不可复生尔！财复矣。"《公羊·襄公十四年》，《穀梁》义同。此犹今之保险，惟只弥补其损失，不须豫付保费耳。三曰代耕。孟子曰："汤居亳，与葛为邻。葛伯放而不祀。汤使人问之：'何为不祀？'曰：'无以共牺牲也。'汤使遗之牛羊。葛伯食之，又不以祀。汤又使人问之：'何为不祀？'曰：'无以共粢盛也。'汤使亳众，往为之耕。"《滕文公下》。此在后世之人，非谓为汤之阴谋，即以孟子为诞谩。殊不知阴谋贵使人不觉，立说亦必求取信；如后世之俗，汤何以能使其民？民安肯听于汤？若孟子妄为此说，亦何以见信于人也？则知代耕本古之所有；孟子时虽无其事，而古者曾有其事犹为众所共喻；故孟子于此，亦不如瞽瞍北面之斥为东野人之言，血流漂杵之有不如无书之叹也。此所谓力恶其不出于身，不必为己者邪？墨子曰："今有能信效孙仲容曰："读为交。"先利天下诸侯者：大国之不义也，则同忧之。大国之攻小国也，则同救之。小国城郭之不全也，必使修之。布粟之绝则委之。币帛不足则共之。"《非攻下》。齐桓公伐山戎以救燕；却狄以存邢卫；合诸侯而城杞；戴公之卢于曹，归之乘马，祭服五称，牛、羊、豕、鸡、狗皆三百，与门材；归夫人鱼轩，重锦三十两；犹其事也。而曷怪汤之于葛哉？然则所谓王霸之道者，皆大同之世，讲信修睦之遗规之稍以陵夷者尔。

群与群之间如此，而况于群之内？《说文》曰："醵，合钱饮酒也。"此即所谓群饮也。《酒诰》曰："群饮，汝勿佚，尽执拘以归于周，予其杀。"其严如此。然终不能绝也。汉世所谓赐酺者，即弛群饮之禁耳。以是为惠，可见民乐群饮之深。其乐之深，何哉？习不易变也。孟子述晏子之言曰："师行而粮食。"粮同量。量食者，度其口实所需，余悉归诸官，赵宋之世所谓"括籴"也。在晏子时固为虐政，然实计口赋食之遗，犹可想见隆古食物公有之制。日食皆仰于公，安用家家自爨？然则隆古之世，必曾有合群共食之时也。《诗》曰："言私其豵，献豜于公。"非谓小者可以自私也；小者为一人所能尽，虽献诸公，及其分赋，亦还以畀诸一人，则不如许其遂私有之耳。然而公产之制，稍以陵夷；有食无食，家家不同；美食恶食，人人而异；则合食之法，不复可行；然而饮酒所以取乐也，独乐乐，不若与人；与少乐，不若与众；是以合食之制虽替，群饮之俗犹存。群饮其合食之饩羊哉？合食之世，则所谓货恶其弃于地，不必藏于己者也。如是，则其分赋，视其有求焉尔与否而已矣，不论其有功焉否也。所谓"食志"非"食功"也。《礼记·王制》曰："瘖、聋、跛、躄、断者，侏儒、百工，各以其器食之。"《注》曰："使执百工之事。"殆非也。荀子亦有《王制》篇，与《礼记》相出入，但曰"五疾上收而养之"而已，不曰"使执百工之事"也。"食"字固有引申之义，《左氏》文公十八年"功在食民"是也。然则"百工各以其器食之"，犹言百工各以其器共其用耳。一人之身，而百工之所为备，虽瘖、聋、跛、躄，短者侏儒，无所阙焉，是则所谓鳏、寡、孤、独、废疾者皆有所养也。此必大同之世之遗规，至于后世，虽稍以陵夷，犹未尽湮灭者也。若必执百工之事而后食之，则亦其自养而已，而何谓收而养之哉？《乐记》曰："强者胁弱，众者暴寡，知者诈愚，勇者苦怯，疾病不养，老幼孤独，不得其所，此大乱之道也。"虽小康之世病之，曾谓大同之世而有是乎？嗟乎！如《乐记》之言，虽号称治平如汉唐，富强如今日之欧美，曷尝能免于大乱之诮哉？

陈相道许行之言曰："滕君，则诚贤君也。虽然，未闻道也。贤者与民并耕而食，饔飧而治，今也，滕有仓廪府库，则是厉民而以自养也，恶得贤？"孟子讥之，此未达许子之意者也。盖所谓政府者，有威压之性质焉，有厘务之性质焉。风俗既薄，人之以私害公者多，人与人亦日争，政府乃不可无威权，而其事务亦日繁。若其不然，人人以善意相与，莫或背公党私；人与人亦不相争；外之则"邻国相望，鸡狗之声相闻，民各甘其食，美其服，安其俗，乐其业，至老死不相往来"。据《史记·货殖列传》引。今见于《老子》书者，辞小异而意大同。案此特谓彼此不相争斗；亦不以相往来故，而风俗随之而变耳。盖两社会相往来，而至于交受其弊，率由艳人之所有而思夺之；或者群起慕效他人，风尚大变，至于与旧习不相容。汉与匈奴通，匈奴时时入盗边，而汉受其弊；匈奴变俗好汉物，争着长城下，贾生乃欲以五饵之策制之，而匈奴亦受其弊。今者中西交通，西人恃其富强，以陵轹我，朘削我；我又从而慕效之，遂至国蹙民贫，不可终日。事与古异，理实相同。老子但谓无此患耳。非真不相往来也，不可以辞害意。无诈欺也，无争夺也；虽并耕而食，饔飧而治，亦何不给之有。今偏僻之地，固犹有俗美风淳，终日无事，令长持坐啸卧治者，岂得以南京、上海不然，而疑其无此事乎？乌桓大人，各自畜牧营产，不相侵役。《后汉书》本传。吐谷浑无常税，调用不给，乃敛富室商人，足而止。《晋书》本传。古之选贤与能，亦若是则已矣。《周官》三年大比,使民兴贤,入使治之;使民兴能,出使长之。此持比长闾胥之类,在邃古则皆一部落之君长也。并耕而食,饔飧而治,夫何不可行?而亦安得有仓廪府库乎?为此说者,出于为神农之言者许行,益知荡然无等级之大同之世,乃古农业公产之小社会也。

大同之世之情形,可据后世之事推测者如此。

四、论大同之世如何降为小康

　　假使地表之情形，只能营农业以自养，而畜牧射猎，皆非所许，则人类社会之情形，必与今日大异。何则？农耕社会，内安和而外信睦，战斗非其所乐，农耕社会之战争，主于守御，所谓"重门击柝，以待暴客"也。墨子非攻而主守御，其远原盖在于此，即或征伐，亦必无系累杀戮之事。古有所谓义兵者，其说略见《吕览·怀宠》《淮南·兵略》两篇，盖亦此时代之事。《史记·司马穰苴列传》，谓《司马法》闳廓深远，虽三代征伐，未能竟其义，如其文，夫三代固已入于小康之世矣。使举世而皆如是，则各社会相遇之时，或能有和平之法，以互相结合；而惜乎其不能也。有好和平之族焉，有好战斗之族焉，二者相遇，兵争斯起。有兵争则有胜败；有胜败，则有征服人者，有服于人者；而等级起，而德化衰矣。

　　黄族征服炎族，遗迹最易见者，厥惟国人野人之别。炎族古居洲渚，说已具前，黄族则似居山。黄帝邑于涿鹿之阿，其一证也。章太炎有《神权时代天子居山说》，盖黄族之古制。古有畦田，有井田。井田行诸野，畦田行诸国中。故孟子说滕文公，"请野九一而助，国中什一使自赋，卿以下必有圭田"，圭田即畦田，亦受诸国中者也。国中行畦田，野行井田者？野平正而国崎岖也。古者"国主山川"，《国语·周语》。故曰："王公设险以守其国"；《易·坎卦·象辞》。故曰

"域民不以封疆之界,固国不以山溪之险"也。《孟子·公孙丑下》。国必居山险者? 征服人之族,于此屯聚自守,而使所征服者,居四面平夷之地,任耕种,出税赋焉。古者兵尝近国都,故阳虎作乱,壬辰戒都车,令癸已至。说本江慎修,见《群经补义》。今文家说:天子畿方千里,公侯皆方百里,伯七十里,子男五十里;天子公侯之国,百倍相悬;而其兵,则天子六师,方伯二师,诸侯一师,三倍或六倍而已。古文家说:公方五百里,侯四百,伯三百,子二百,男百,则天子地四上公而百男,然王六军,大国三军,次国二军,小国一军,兵数之多少,亦与封土大小不相应。盖大国之所多者为农民,其本族任战之民,相去初不甚远也。《周官》之制:五家为比,五比为闾,四闾为族,五族为党,五党为州,五州为乡。其兵制:五人为伍,五伍为两,四两为卒,五卒为旅,五旅为师,五师为军。盖家出一卒。此任战之民,以什伍制之,其本,征服人之族也。《尚书大传》:古八家而为邻,三邻而为朋,三朋而为里,五里而为邑,十邑而为都,十都而为师,州十有二师焉。此野鄙之民,因井田制其邑居,不与征戍;其本,服于人之族也。夫野鄙之民,非不任战也,特不用以征战,仅使保卫本地方尔。如鞌之战,齐侯见保者曰:"勉之,齐师败矣!"此犹今日大军战败于外,勉民团以自守也。战斗之事,悉由战胜之族任之,此犹高句丽之俗,"有敌,诸加自战,下户儋鱼米饮食之"矣。故曰"四郊多垒,卿大夫之辱;地广大,荒而不治,士之辱"也。《曲礼》士初指战士,其后则大夫以上世官,战胜之族为之;士无爵,由农民中选举,《周官》兴贤兴能之制是也,可参看《癸巳类稿·乡兴贤能论》。服于人之族,虽不事征战,然兵赋实其所出,今文家言:十井出兵车一乘,《公羊·宣公十五年》,又昭公元年《解诂》。古文家据《司马法》,而《司马法》又有两说,一说以井十为通,通十为成,成十为终,终十为同,《周官·小司徒》郑注。又一说以四井为邑,四邑为丘,四丘为乘,郑注《论语》"道千乘之国"用之,见《小司徒》疏。虽为法不同,而其与井田相附丽则一,可见赋为野人所出。然利器不以畀之,故仅寓兵于农,世多以寓兵于农,为以农夫为兵,此误解也。寓兵于农,乃谓以农器为兵器。其制,详见《六韬·农器》篇。此自野人言之,可谓藉寇兵赍盗粮矣。古者野无守御,故列国兵争,大军入境,辄直傅国都;而攻围大邑,历时始下如长葛者,则《春秋》重而书之。《公羊》隐公五六年。此野人之所以易制也。厉王暴虐,起而逐之者国人,以其故为战士。若野人,则"逝将去女,适彼乐土",以逃亡图苟免而已。三代以前所以无叛民也。陈胜之起,贾生说为揭竿斩木。汉世大盗,犹多先劫库兵。江慎修曰:"齐有士乡,其中贤能者,有升选之法。"亦见《群经补义》。此即《周官》三年大比兴贤兴能之制。盖古惟战士可以入仕,农工商皆不然也。士、仕实一字。询国危,询国迁,询立君;皆曰贤然后察之,见贤焉然后用之;皆曰不可,然后察之,见不可焉,然后去之;皆曰可杀,然后察之,见可杀焉,然后杀之。与政治者,亦皆以国人为限,未问谋及野人也。此自大同降入小康所生之等级也。

炎黄二族,社会之组织,亦本有异。周家特重嫡长,殷法则弟兄相及,其后吴人犹行之;楚国之举,恒在少者;《左氏·文公元年》。知南方之族,不甚严宗法也,然宗法非始于周也。世谓宗法始于周者?(一)以自殷以前,其制无可征。(二)则殷既兄弟相及,五帝又官天下,然君位之承袭,本与家族承袭之法,不能尽符。女真非无传子之法,而生女直部族节度使之承袭,太祖以前,皆以景祖之命定之。蒙古大汗之立,与其家族承袭之法无干,则尤易见矣。故五帝之官天下,不能为其时无宗法之征。况夏人固父子相传矣。又周世宗法,制极严密,亦非行之未久者所能至也,然则宗法盖黄族所固有,民之初生,必以血脉相抟结。始焉,凡血脉相承者,皆抟结为一,是为姓。不论其从女抑从男。后稍析而为家。家之大小,略有一定。盖不独亲其亲，不独子其子之风既逝，则老者非其子莫之养，幼者非其父母莫之长；而人之情不能无妃匹；是以一夫上父母，下妻子，家人之数，率自五口至八口。然此五口至八口中，强壮善战斗者，惟一夫耳。有血脉之亲者，临事相集，素无统率；亦又心力不齐，不能必集；故无宗法之制者，战斗之力，不能甚强。有宗法者则不然。小宗五世而迁，所统率者已非寡弱；大宗百世不迁，则所统弥众矣。试读《礼记·文王世子》一篇，则知周天子之有庶子官，其初盖专以训齐其族人，与异族竞为务。《礼·丧服传》曰："禽兽知有母而不知父。"野人曰："父母何算焉？都邑之士，则知尊祢矣，学士大夫，则知尊祖矣。诸侯及其大祖，天子及其始祖之所自出。"此古征服人之族有宗法，所征服之族无宗法之证。炎黄成败，此其大原矣。宗法之制，有分土，无分民。战胜之族之酋豪，使其子弟，统其所征服之众，舜命象，"惟兹臣庶，女其予于治"是也，故知封建之原，所由来者远矣。特使分治理之劳，其统率之权仍在。故古卿大夫多以私甲从王事；诸侯之勤王，其事殊，其义一也。后属疏远，相攻击如仇雠，然其初，固已收指臂之效矣。百足之虫，死而不僵，周之东迁，晋郑焉依其事也。

男女之不平等，亦以黄族为甚。孔子论大同之世曰："男有分，女有归。"则男子实为权利之主，女子特有所依附耳，亦非全平等也。然以视小康之世，则迥不侔矣。古者一群之中，男女无适仪匹，其相媾合，惟论行辈而已。是以民知其母，不知其父也。其后盖以争色致斗乱，而同姓不昏，乃悬为厉禁。《礼记·郊特牲》："取于异姓，所以附远厚别也。"此为同姓不昏之真原因。"男女同姓，其生不蕃"等说，皆借以恐怖人，以行其教令而已。异姓之昏，在农耕社会为聘取，在游牧社会，则为劫略，《世本》言伏羲始制俪皮为嫁娶之礼，谯周亦云然。见《礼记·昏义》疏。此即六礼之纳征。六礼多用雁，雁守一雌一雄之法最谨,知羲农之族,本无妾媵之制。《盐铁论》谓古者一男一女,而成家室之道,盖指是时也。《散不足篇》,古书言一夫一妇者,予所见惟此一条盖其制破坏久矣。黄族则不然。黄帝二十五子,而得姓者十有四人,其多妻妇可知。尧以二女妻舜,实即以侄娣从之制,《尧典》重尧女舜,故不及其侄耳。帝喾四妃,见《礼记·檀弓》"舜葬于苍梧之野"注。文王则百斯男,无不以多妻妇多子孙相夸耀者,何讥于后世之羌与匈奴也?《记》曰:"系之以姓而弗别,缀之以族而弗殊,虽百世而昏姻不通者,周道然也。"足见殷代昏姻之制,与周不同。楚王妻妹,《公羊·桓公二年》,楚有江芊,见《左氏·文公元年》。吴亦以女女鲁昭公。盖三苗立国江域,殷人亦化被九夷,故南东之国,礼俗犹与周异。观其同姓不昏之禁,不如周人之严,则知其略取妻妇之风不甚,同姓昏媾,卿或聘诸名族,妻皆与我匹敌,男女之间,无由不平等,亦无由多得妻妇也。以力劫掠,斯不然矣。女谒之祸,不绝于后世,傥亦黄族野蛮之俗,有以使之然欤?

凡此,皆足见黄族之文化,本不如炎族;而战胜之后,又颇压制炎族,封豕长蛇,荐食上国,以理揆之,古代文化之区,且将黯无天日,然不至是。自西周以前,虽暴君代作,而亦有其治平之时;以大体论,犹克称为小康者,则以野蛮民族,陵暴文明民族,一时虽肆其凶焰,究不能摇动其社会组织之根柢;阅时稍久,凶焰衰而文化之力复张,则野蛮民族,且去其故俗,而自同于文明民族矣。辽、金、元、清之同化于中国,职此之由。黄族之渐化于炎族,亦若是则已矣。

孟子曰:"夏后氏五十而贡。"又引龙子曰:"贡者,校数岁之中以为常。乐岁,粒米狼戾,多取之而不为虐,则寡取之;凶年,粪其田而不足,则必取盈焉。"此制自后人思之,殊不可解。然亦何难解之有?此乃战胜者,责令所征服之地,按年包纳租税若干,而其他皆非所问耳。可谓无功而受禄矣。然亦以此,而所征服之族固有之良法美意，得以保存而弗失。举此一端，余可推测也。

战败之族困苦之深，必由战胜之族朘削之甚。然自西周以前，即孔子所谓禹、汤、文、武、成王、周公之世者，则此弊尚不甚烈。盖战胜之族，多起瘠薄之区，其人本习于俭；俭者之不可使遽奢，犹奢者之不可使遽俭也。《诗》曰："曾孙来止，以其妇子，馌彼南亩，田畯之喜。"郑《笺》以为成王与其后、太子巡行南亩，馈食农夫与田畯也。后人多疑之，其实此何足疑？周之初，亦西戎间小国耳，此事固理所可有，读《金史·昭肃皇后传》，则知之矣。昭肃后，唐括氏，景祖后，《传》曰："景祖行部，辄与偕，政事狱讼，皆与决焉。景祖殁后，世祖兄弟，凡用兵，皆禀于后而后行，胜负皆有惩劝。农月，亲课耕耘刈获。远则乘马，近则策杖。勤于事者勉之，晏出早归者训励之。"不独此也，孟子引晏子之言曰："天子适诸侯曰巡守。""春省耕而补不足，秋省敛而助不给。"夏谚曰："吾王不游，吾何以休？吾王不豫，吾何以助？"然则巡守之初，亦系劝农之政，特如朱梁之世，张全义之所为，至于方岳之下而朝诸侯，盖游牧之族酋长之所为，非羲农之族所有，故其说仅着于《尧典》焉，尧北教八狄；舜野死苍梧；禹会诸侯于涂山，殁葬会稽；五帝三王之间，多有远迹，其后遂不闻有是，以去游牧之世远，不复能以师兵为营卫，迁徙往来也。穆王欲肆其心，周行天下，则欲行黄帝、舜、禹之事者也。巡行田野，劝农听讼之遗规，则未尝废。故夏有游豫之谚，成王有馈农夫田畯之事焉。召伯行部而听讼于甘棠之下，亦犹金景祖行部而决狱讼耳。古听讼本于棘木之下也。此岂如后世之人君，深居宫禁之中，能极万方玉食之奉者哉？又不独此也。孟献子曰："畜马乘，不察于鸡豚，伐冰之家，不畜牛羊，百乘之家，不畜聚敛之臣。与其有聚敛之臣，宁有盗臣。长国家而务财用者，必自小人矣。彼为善之，小人之使为国家，灾害并至，虽有善者，亦无如之何矣。"朘削不已，终至自毙，此古征服之族,所鉴观遂事,深引为戒者也。又不独此也,战胜之族,必有刚健不溺晏安之德焉;亦必有哀矜恻怛,不忍所征服之族之仁焉。彝秉之良,人所同具,固不能至于战胜之族而绝无,此在上者所以能行仁政之原也。凡此,皆所以限制战胜之族之诛求,使不至于过甚者也。

益进,则征服之族,且将慕悦所征服之族之文明,而舍己以从之焉。孔子之告宾牟贾曰:"独未闻牧野之语乎?武王既克殷,反商,未及下车,而封黄帝之后于蓟,封帝尧之后于祝,帝舜之后于陈,下车而封夏后氏之后于杞,投殷之后于宋。封王子比干之墓,释箕子之囚,使之行商容而复其位,庶民弛政,庶士倍禄,济河而西,马散之华山之阳而弗复乘;牛散之桃林之野而弗复服;车甲衅而藏之府库而弗复用;倒载干戈,苞之以虎皮;将帅之士,使为诸侯,名之曰建橐;然后天下知武王之不复用兵也。散军而郊射,左射貍首,右射驺虞,而贯革之射息也。皮弁搢笏,而虎贲之士说剑也。祀乎明堂,而民知孝;朝觐,然后诸侯知所以臣;耕籍,然后诸侯知所以敬;五者,天下之大教也。食三老五更于太学,天子袒而割牲;执酱而馈,执爵而酳;冕而总干,所以教诸侯之弟也。"其言武王克殷,偃武修文之速,容或失之太过。然周公东征,制礼作乐,然后归政,上距克殷之时,亦不过十稔耳。其慕效大邦殷之文明,亦可谓亟矣。武王周公之营雒,得毋有元魏南迁之意邪?夫周之作五官有司,而邑别居其民,乃自古公以来耳。然则前乎此,虽曰后稷、公刘,世隆农业,实诚如苏子瞻之言,与狄人无以异也。而知自进于文物声明,如此其速,则知黄帝之族,慕效羲农之族之文明非难也。《荀子》曰:"父子相传,以持王公;三代虽亡,治法犹存,官人百吏之所以取禄秩也。"《荣辱》。知战败之族之治法,为战胜之族所保持者多矣;有贤王作,举而措之,犹反掌也,《春秋》通三统之法,由此来也。抑《春秋》之义：诸侯用夷礼则夷之，进于中国则中国之。然则当时之蛮夷，自同于上国者多矣。匈奴、鲜卑、突厥、女真、蒙古之伦，所由一入中国，而遂泯然无迹也。观于今，固可以知古也。

《记》曰："礼无不答，言上之不虚取于下也。上必明正道以道民。民，道之而有功，然后取其什一。故上用足而下不匮也。是以上下和亲而不相怨也。"《燕义》。只此数语，君民之故为两族，跃然纸上，知是义也，则上必有劳而后可以食于下，以视五十而贡之世，岁之丰凶，民之饥饱，悉非所问，惟责其岁纳租税若干者，迥不侔矣。又进，则君亦尽于天官之责，而为社会筦百事之枢焉。《荀子》曰："君者，善群也。群道当，则万物皆得其宜，六畜皆得其长，群生皆得其命，故养长时则六畜育；杀生时则草木殖；政令时则百姓一，贤良服，圣王之制也；草木荣华滋硕之时，则斧斤不入山林；鼋鼍鱼鳖鳅鳝孕别之时，罔罟毒药不入泽。春耕，夏耘，秋收，冬藏，四者不失时，故五谷不绝，而百姓有余食也。污池渊沼川泽，谨其时禁，故鱼鳖优多，而百姓有余闲也，斩伐养长，不失其时，故山林不童，而百姓有余材也。"《王制》。古书中此类甚多，此特引其一而已，《淮南·主术》《史记·货殖列传序》等皆可参看。此皆大同之世固有之良规，世及为礼之大人，引为己任，而修明之保守之者也。《记》曰："先王能修礼以达义，体信以达顺。"《礼运》。其斯之谓欤？

《记》曰："岁之成，百官斋戒受质，然后休老劳农。"《王制》。又曰："孟冬之月，天子乃祈来年于天宗，大割祠公社及门闾，腊先祖五祀，劳农以休息之。"《月令》。又曰："蜡也者，索也；岁十二月，合万物而索飨之也。黄衣黄冠而祭，息田夫也。既蜡而收民息己，故既蜡，君子不兴功。"《郊特牲》。此古者农功既毕，施惠于民之事，所谓"百日之蜡，一日之泽"也，《杂记》。又曰："祭者，泽之大者也，是故上有大泽,则民夫人待于下流,知惠之必将至也。"《祭统》。此国有庆典,施惠于民之事也。虽上之所施,固为下之所有,夺之而又以施之,近乎朝三暮四,然此亦充类至义之尽之言,终胜于屯其膏而不施者矣。

然则是时也;井田之制仍存。山泽犹为公有。文王之囿,刍荛者往焉,雉兔者往焉是也。《王制》:"名山大泽不以封。"注:"与民同财,不得障管。"盖封建之制初行时犹如此。工官制器,以共民用,非以矣利也。商业,大者犹行诸国外;其在国中者,《考工记》"匠人营国,面朝后市"是也,《孟子》言"市廛而不税"。所谓廛,盖国中之地。则监督之者甚严;《王制》"有圭璧金璋"一节是其遗制。在田野者,则何邵公所谓"因井田而为市",《公羊·宣公十五年》《解诂》。孟子所谓"求龙断而登之"之贱丈夫,《周官》所谓"贩夫贩妇"者耳,固不能牟大利。自士以下,至于府史胥徒,禄亦仅足代耕,除有土之封君外,固无甚贫甚富之差,虽多一寄生之虫,病状犹不甚剧也,夫是之谓小康。

五、论小康之治如何降为乱世

《庄子》曰："藏舟于壑，夜半，有力者负之而走。"《齐物论》。社会之迁流，夫固非人所能逆睹；抑且身丁其境而不自知哉！

野蛮民族，侵犯文明民族，自当时视之，固为一大变，然不久而患即平，何也？社会之根柢，未尝动摇，则其组织不生迁变；野蛮民族，既欲入居文明民族之中，而享受其所有，其势即不得不顺从其组织，而与之俱化也，至于社会之组织，自起变迁，而其势非复如此矣。

社会组织之迁变，何自起哉？则起于交通日便，生齿日繁，通工易事之范围，随之而日扩。从来论世风之升降者，每致慨于民德之日漓。其实民之秉彝，古今一也，而何以古人仁而后人暴？古俗醇而末俗浇？则必有使之然者矣。盖古者社会小，易以人力控驭，故其组织，皆足当今人之所谓合理。Rational。后世则体段太大，控驭无从，遂一听其迁流之所至也，人莫不随所处之境而转移。处于合理之社会中，居心自不得不善。而不然者，则亦将如江河之日下而不可遏止。故风俗之浇醇仁暴，社会之组织实为之；而社会组织之不善，亦可云人之智力不逮，仅能控驭其小者，而不能控驭其大者使然也。古代农业社会，有所需求，率由自给。一社会中，分职如何，至易见，亦至易定也。隆古之世，人有协力以对物，而无因物以相争，人处此境界中，自私之心，固无由而起。及生齿繁而拓地广，交通便而来往频，则各甘其食美其服之社会，遂不免互有关系。古之公产，公诸部落之内，非公诸部落之外也。部落之内，人受豢于群，作务亦皆以为群，至于部落之外，则有所取必有所以为酬，而贸易之事以起。人孰不欲多得利？不相往来之世，某物必须自造，某物当造若干，着为定则，确不可易者，至此，则可不造而求诸人，或多造以与人易；向者之分职，遂不复合理，而渐次隳坏于无形。又人莫不爱异物。当不相往来之时，所见者皆习见之物，贪求之心，无自而起也；至于与异部落接，而异物日呈于目，则有勃然不能自遏者矣。人之好异物，自古已然。历代岭南官吏之所以多贪污，原因固多，多见异物，亦其一也。《礼记·礼器》曰："三牲鱼腊，四海九州岛之美味也。"以多致远方之物为孝，则三代以前，已如此矣。夫公产之世，无所谓私产也。且无私产，何从有私产之禁？与异部落接，爱其异物，遂不免多造本土之物，以与之易；所易得者，自然为所私有；于是公产社会之中，有私产者渐多。至于固有之分职，破坏已尽，则人不能受豢于群；其所作为，亦非以为群；交易之事，向仅行诸部落外者，今遂行诸部落之中；向仅以餍贪求之欲者，今遂非此不能生活。人人当劳力以自养，人人莫或顾恤人，遂变为货力为己之世界矣。夫能坏人心术者，莫交易若也。赤子之心，不知人我之别也，使之适市，卖者多所求焉，买者则靳之；人之厚，则我之薄也；人厚若干，则我薄若干，其数适相当也，再三往焉，而人己利害之相反，昭然若揭矣。此等教育，既有私产以后，人人童而习之；少成若性，习贯自然，此其壮而行之，所以造次必于是，颠沛必于是也。岂无一二赋性独厚之人；以人之利，为己之利；以人之害，为己之害？然此等人胡可多得？其滔滔者，则皆惟利是视而已。有权力者，遂不恤糜烂其民而战之，所谓"谋用是作，而兵由此起"也。古代论兵争者，咸以为出于人之情性，所谓"自含齿戴角之兽，见犯则校，而况于人"也。然以争利而动者，实亦甚多。墨子非攻，所以斤斤计较于所得所丧之多寡也。孟子曰："争地以战，杀人盈野；争人以战，杀人盈城；此所谓率土地而食人肉。"其说亦隐与墨子相通矣。争利不必土地，人民、金玉重器亦昔人所视为利，列国兵争，率以赂得免，即由于此。虞公以宝剑亡身，囊瓦以裘马覆国，读史者莫不笑之；然今之好骨董，爱饰物者，果有虞公、囊瓦之权力，能保其不为虞公、囊瓦乎？郅治之极，必贵清静寡欲，亦自有至理也。

　　财之为用，语其究竟，终在消费，此理之自然也。世之先贫后富者，怵于贫而习于俭，恒斤斤不敢自肆，然饮食服用，终必有逾于初，即由于此。一再传后，创业之艰难，已非后人所深悉；而人之情，由俭入奢易，由奢入俭难，始焉视为奢侈者，继则以为当然矣；浸假明知其奢而不能自克矣；淫昏之子，又有不知奢之为恶；或虽知之而肆行无忌者；此其所以始渐陵夷，终若山颓也。古代贵族，降而愈侈，亦由于此。其人既有权力，则有所不足于己，必也虐取于民，而大同之世之遗制，为所破坏者多矣，井田其一也。

　　井田之制，非必暴君污吏之所破坏也，而不能不谓暴君污吏，有以促其成。何也？夫人私心既起，则凡物皆欲据以自私。土地者，利之原也，安得不思私之乎？然土地之不可私，理至显也，亦安敢遽私之乎。此则暴君污吏，有以助之矣。古者阡陌沟洫，占地甚多。生齿既繁，土田稍感不足，则不免稍破坏之，此本君与吏之所当禁；然为君与吏者，或利土地辟而税收可多；或又侵夺人之土田，于封疆亦利改造；则阴许之，且阳唱率之矣。世皆以开阡陌为商鞅咎，然自秦以外，井田谁实破坏之邪？故知当时，坏井田之民，及许民坏井田之暴君污吏，遍天下矣。古之民，十九以农为业，井田坏，地权不均，农乃失职矣；乃有所谓闲民。乃有离乡轻家，如鸟兽者；而民乃不可治，而风化乃日坏。

山泽故公有也，后乃障管焉，《管子》之官山海是也。《管子》之官山海，其意固以为公，然必先有障管山泽者，而《管子》乃为是言；而其时之障管山泽者，其意非以为公，则彰彰明甚也。何也？汉世山泽，自天子至于封君，各自以为私奉养，苟非晚周之遗法，汉人其敢一旦行之哉？人君障管山泽，不能自用之也，乃或以赐佞幸，如汉文帝以铜山赐邓通。或利馈献，以赐企业之家，如戎王多与乌氏保畜，畜至以谷量。必不徒赐之畜，盖其量畜之谷，亦取之戎王矣。其地遂渐入私家之手。《史记·货殖列传》所载事牧畜、种树、煮盐、开矿之人是也。古之侵民地者，多以供游乐驰骋，孟子所谓"坏宫室以为污池，弃田以为苑囿"是也。齐宣王郊关之内，有囿方四千里，杀其麋鹿者，如杀人之罪，犹是如此。此等苟有贤君，弛以与民易耳；为企业之家所据，则难变矣。董仲舒谓汉世富人，田连阡陌，又专川泽之利，筦山林之饶，由此也。

工官之制，亦稍废坏。盖新器日出，不必皆由官营；其旧有者，或不给于用；或虽给用，而不如私家所造者之良；则国工稍以陵夷，而私家之业制造者顾日盛。汉世郡国，有工官者无几，可见考工之制久废也。王莽行六筦之诏曰："夫盐，食肴之将。酒，百乐之长，嘉会之好。铁，田农之本。名山大泽，饶衍之藏。五均赊贷，百姓所取平，仰以给澹。铁布铜冶，通行有无，便民用也。此六者，非编户齐民，所能家作，必仰于市。虽贵数倍，不得不买。豪民富贾，即要贫弱"，盖不能家作之具，皆有人焉，起而经营之矣，汉世所谓商人者，其中实多工业家，盐铁酒酤，其最显者也。

其专以买贱卖贵为事者，是为名副其实之商人。《管子》曰："岁有四秋，农事作为春之秋。丝纩作为夏之秋。五谷会为秋之秋。纺绩缉缕作为冬之秋。物之轻重，相什而相百。"《轻重乙》。又曰："岁有凶穰，故谷有贵贱；令有缓急，故物有轻重。然而人君不能治，故使蓄贾游于市,乘民之急百倍其本。"《国蓄》。所谓令有缓急者,古税敛多以实物,上以是求,下不得不以是应,而或非其所有,则不得不求之于市,《轻重甲》篇所谓"君朝令而夕求具,有者出其财,无者卖其衣屦"者也。古惟王公贵人之家,为能多所蓄藏;如《管子》谓丁氏岁粟,足食三军之师,见《山权数》篇。又商贾所挟珠玉金银等,惟王公贵人,为能消纳之;故商人多与王公贵人为缘。子贡结驷连骑,以聘享诸侯,非必以其官而尊之,亦由平时本有交接也。晁错谓当时商人,交通王侯,力过吏势,由此。

　　商人非徒买贱卖贵也,亦兼为子钱家。《管子》曰:"使万室之都,必有万钟之藏,藏襁千万;便千室之都,必有千钟之藏,藏襁百万;春以奉耕,夏以奉耘;耒耜械器、种禳粮食,毕取澹于君,则大贾蓄家,不得豪夺吾民矣。"《国蓄》。明当时农夫耕耘之资,皆取诸大贾蓄家也。《管子》又曰:"养长老,慈幼孤,恤鳏寡,问疾病,吊祸丧,此谓匡其急。衣冻寒,食饥渴,匡贫窭,振罢露,资乏绝,此谓振其穷。"《五辅》。又《幼官》:再令诸侯,令曰:"养孤老,食常疾,收孤寡。"省耕省敛之法既废,匡急振穷之政又亡,嗟嗞吾民,不于大贾蓄家取之,而谁取之哉? 且为人君者,亦或躬为子钱之家焉。孟尝君使冯暖收责于薛是也。非别有用心,而肯如陈氏之厚施于国者鲜矣。夫子钱,最易使人沦于饥寒之渊者也。《管子·问》:"问乡之良家,其所牧养者,几何人矣? 问邑之贫人,债而食者几何家? 贫士之受责于大夫者几何人? 问人之贷粟米有别券者几何家?"良者,对贱而言。牧养人者为良,所牧养者,自然为贱,此俘虏而外,奴隶之所由起也。贫人谓凡民,贫士则故以仕官为业者,失职而受责于大夫,此四公子之徒所由以养士名也。

　　《史记·平准书》曰:"自太昊以来,则有钱矣。"未知信否。要即有之,亦为用不广。又云:"大公为周立圜法,钱圜函方,轻重以铢。"《说文》曰:"古者货贝而宝龟,周而有泉,至秦废贝行钱。"盖后世之所谓钱者,实始于周而专行于秦。周虽有钱,犹兼用贝,殷以前可知也。物无不可为易中,然利储藏,便分割,实惟金属具有此德;故以金为币,而币之用始弘。然泉币之兴,固使利源易于流通,亦使利源易于专锢。何也?物过多则无用,故苟有菽粟如水火,过客必馕,非难事也。有泉币则易易为他物,物不可尽,而人之欲随之无穷矣。生计学家言:"昔欧洲教会所以能布施,以所有者多日用必须之品故。"岂惟教会,今乡僻之富人,所以能好行其德者,盖亦由于此焉;而古王者所以能省耕省敛,匡急振穷,其故亦从可思矣。钱币兴而可致之物多,而兴发之事始少矣。又无用之物,可转化为资本,以贷于人,而子钱家之业亦益盛。汉景帝之世,七国之叛也,长安中列侯行从军,皆赍贷子钱。子钱家以为侯国邑在关东,关东成败未可知,莫肯贷;独无盐氏出捐千金贷。一岁,其息什之。假使无黄金铜钱,宁有贷粟帛而行者哉?故曰:钱币之用弘而子钱家之业益盛也。而其利于商人之废居,更不俟言矣。

间阎之民如此,其在钟鸣鼎食之家,亦因争斗之日烈,而亡国败家相随属。亡一国,则国族皆夷为庶民;败一家,则家人悉沦为皂隶。"要下宝玦青珊瑚,可怜王孙泣路隅。问之不肯道姓名,但道困苦乞为奴"。在后世则见而哀之,其在弑君三十六,亡国五十二之世,又何足异也?此曹岂能槁项黄馘,安于耕凿,老死于牖下哉?挟其所长,敖游王公之间,优于文者为儒,长于武者为侠。岂无诵法孔子,进以礼,退以义;服膺墨翟,勤其生,薄其死之人?然其多数,则贪饮食,惰作务,为盗跖之居民间者而已矣。曲学阿世,豪桀务私,自此昉也。

人心之仁暴,风俗之浇醇,岂不以其境哉?社会之组织既殊,而世风亦于是乎一变。

六、论自大同至乱世人心风俗之变迁

自来论世运之升降者，每致慨于风俗之浇漓；以为欲跻治道于隆平，必先振人心之陷溺。其实所谓人心者，分而观之，则若不可测；合而观之，其升降自有定则。处于何等境界中，即有何等思想；合众人而相熏相染，而一世之风俗以成焉。不知改良社会，以振救人心；而欲先振救人心，以改良社会；因果倒置，本末误持，此其所以万变而不当也。然此惑之由来旧矣。今故追论大同之世，降逮小康，以迄乱世，一一举其变迁之所由，以释世论之惑焉。

古代之风俗，有以为极美者，如孔老大同郅治之说是也。有以为极恶者，如《管》《商》书《君臣》《开塞》二篇是也。二者果孰是？曰：皆是也。人也者，自动物进化者也。惟其自动物进化，故好生恶死，先己后人，一切与动物无异。饮食男女之欲，有所不遂，即不免贼人以自利。然人也者，亦进化之动物也。惟其为进化之动物，故其相仁偶之心，非凡动物所及；而其智能烛事，又能将其措置妥帖，使人我之利害，不相衡突，亦非凡动物所能。人在进化途中，系走至此一步，不必妄自菲薄，亦不容过事夸张。古人谓人之所以异于禽兽者几希，实最得其情也。惟其然也，故除少数圣哲外，率先己而后人；而苟非境遇迫之，则亦不肯戕贼人以自利。又人也者，群居之动物也。社会之组织既定，一人处于其间，其能自由之境极微，故中材之转移，率视乎其所遭直。人类社会之情状如此。

隆古之世，人有协力以对物，而无因物以相争。斯时也，因其捍患之力甚弱，凡物皆足以为害；又因其智识愚昧，不知害之所自来，而无从豫防；是以其对物极残酷。而人与人之间，则极为和平。以其利不存于剥削人，而存于与人相合力也。浅演之民，往往残暴仁慈，两臻其极，自文明人观之，殊觉其不可解，其实无难解也。彼其残酷，盖视人如物；其仁慈，则视人如人。凡人皆与我相仁偶，而能害我之人，则概视为物，盖斯时之人之意念然也。夫其对人固和平矣，对物虽恐惧猜疑，然因不明其性质，不能知患之所自来而豫防之，故在平安无患之时，即亦宽闲自适；远虑非斯时之人所有也，况于机械变诈？此皇古之世，风俗所由淳厚也。《白虎通义》称三皇之民曰："卧之詓詓，行之盱盱；饥即求食，饱即弃余。"盖其状也。

斯时之民，争夺相杀，不起于群之中，而恒起于群之外，故当渔猎游牧之世，口实不足，生活堪虞，往往酿成争斗杀戮。至于耕农之群，生计饶足；人与人之关系，仍极和平；而其对于物也，亦因抗御之力渐强，不忧其为害，而残酷之情渐减；人类之黄金世界，遂于此出见焉。此即孔子所谓大同，老子所谓郅治也。

老子曰："失道而后德，失德而后仁，失仁而后义，失义而后礼。"此非虚言也。道也者，宇宙自然之则也。德也者，知此则而能遵循之之谓也。手能持，足能履，道也。知持必以手，履必以足，手当如何持，足当如何履，德也。人之初，则行乎其所不得不行，止乎其所不得止而已；未尝知有所谓宇宙定律者，而遵循之也；盖犹未知物我之别也；此所谓道也。至于知有宇宙定律，而有意于遵循之，纵其所行，能悉与定律合，而已知有物我之别矣；已不如物我不别之淳矣；故曰失道而后德也。仁也者，人相人偶之谓也。至于知人之当相人偶，而又有人我之别矣。义也者，事之宜也。人之相人偶之心无穷，而或格于事，不能遂，则须斟酌于其处置之方；或割小以全大焉；或忍目前以济将来焉。盖人不能尽相人偶，故所处之境，遂有迫之使不得两全者也。然当是时，犹人人思酌度乎处置之宜，以全夫人与人之相人偶也，至于不恤损人以利己，则非有轨范以限制其行为不可，而所谓礼者起矣。故曰：失德而后仁，失仁而后义，失义而后礼也。老子之言，看似玄妙，然以社会风俗升降言之，固极平易之解也。

　　大同之世，如何降为小康邪？曰：其必自愚智之分始矣。古之人，厚于仁而薄于智。与多费一分心，宁多出十分力。有能指挥而统率之者，则欢喜拥戴之；必不曰"尔何以当指挥统率我，我何以当受尔指挥统率"也。古代传说，率视其酋长为聪明才智，首出庶物；而文明社会，才能不过中庸之子，一入蛮夷，即能为之大长，实由于此。夫如是，在上者而欲滥用威权，在下者固无如之何；犹能噢咻而抚摩之，则父母不翅矣。故小康之世，在上者之道德，曰仁与智。在下者则利于愚，所谓安分守己也。又有所谓臣者，爱豢养于君；助之战斗，为之服役焉。其道德曰忠。忠也者，尽力以卫其君，及其家人，与其子姓；使保其财产及荣名，其初意如此而已矣。有安社稷臣者，以安社稷为说；君而死亡也，视其所为死亡者，为己死，为己亡，非其亲昵，莫之敢任；此君臣之义既进化后之说，非其朔也。臣民之义固异，后稍相淆，合忠与愚而一之；忠不叛其上，愚不慊于己，是以上下之位，若天泽之悬殊；其奉养，尤什百倍蓰而未有已；而犹可以相安也。征服者与所征服者，其初未尝不相怨嫉。然古人疏于虑患，在上之噢咻抚摩，虽伪而亦易以为诚；且无书史记载，过去之事，亦极易忘耳。清之陷江南也，下薙发之令，民奋起抗之，至丧其身而不恤；然不及三百年，民国光复，又有以发辫为吾所固有，而冒死欲存之者矣；此前事易忘之明征也。今世如此，况于古初？征服者与所征服者之怨嫉，不一再传而消失，固其宜矣。上下之分既立，推之父子兄弟夫妇长少主仆，莫不皆然。在上者利其然而鼓励之；虽在下者，亦忘却万人平等，亦可相安，而误以为欲维社会之治安，非立此上下之分而严守之不可也。上下合力，维持此人与人间之关系，而小康之世之伦理，遂历千载而不敝焉。今日深入乎人心，视为是非善恶之准者，大抵此时代之所留遗也。曾国藩《陈岱云妻墓铭》曰："民各有天惟所治，焘我以生托其下，子道臣道妻道也；以柱擎天臂广厦，其柱苟颓无完瓦。"最足见小康时代之思想。彼皆视此等伦纪坏，则社会将不可一日居，而不知非其朔也。

　　"父慈子孝，兄友弟恭，夫义妇听，长惠幼顺，君仁臣忠"。此《礼运》所谓人义，即小康时代之伦理也。使能谨守其畔而不越，各尽其分而无歉，原亦可以小康。然而人莫不欲利，利在前而权在手，总不免于滥用，此事之无可如何者也。在下者则将谲以自免。于是上虐其下，下欺其上矣。至于上虐下欺，而父子兄弟夫妇长幼君臣之道苦矣；而小康之世之伦纪，本实先拨矣。虽曰：彝秉之良，无时或绝；人与人相人偶之心，未尝不存于衰世；然而恒人之情，恒先己而后人；不能人人皆杀身成仁，行菩萨行；则在一定情形之下，其道德心，亦必仅能维持至一定限度；其情形有变迁，其道德心，亦必随之而为消长；此势有必至，理无可疑者也。人与人之利害，既相冲突矣；损人以自利之事，既不可免矣；则必有公仞之法；而此法亦必有强力以守之；于是刑政生焉。然刑政必有人司之；司之者亦人也；在一定情形之下，其道德心，亦必止能维持至一定限度；其情设有变迁，其道德心，亦必随之而为消长；亦势有必至，理无可疑也。于是禹、汤、文、武、成王、周公之治，亦终不可久，而暴君代作焉。

　　商人者，民治主义之师长也。何以言之？曰：欲行民治主义，必有较计利害之心。必能自度曰：尔之才智，果逾于我邪？尔所以统治我，我当受尔统治者，果才智为之邪？抑亦地位为之邪？抑尔之命令文诰，若皆为国为民者，其果然邪？抑亦口虽云然，而嗜利固无以异于小人邪？知较计及此，则上之所以临下，不过地位为之；下之从上与否，亦惟视其利害以为衡；较然可见矣。此等较计利害之心，遍于天下，而民不可以端拱而治矣；而人与人之相处，其道亦益苦矣。

何谓贫？贫者，不能全其生之谓也。然此至难言也。寻常所谓贫，则皆相形之下，觉其不足耳。与我相形者无穷，则我之自觉其不足亦无穷。故曰："万取千焉，千取百焉，不为不多矣，苟为后义而先利，不夺不餍。"故曰："民之饥，以其上食税之多。"历代大乱之前，以物力论，必远较大乱之后为丰，然人心恒觉蹙然不可终日；及大乱之后，赤地无余，愿彼此相安焉；此所谓足不足者，不在于物之多寡，而系于彼此相形之铁证也。

人也者，有远虑者也；不惟顾恤现在，亦且悬念将来。然人之为力至微，非合群相保，其陷于饥寒死亡至易。既已人自为谋，莫或相顾恤矣，安得不汲汲皇皇，惟利是图，惟力是视？太史公曰："贤人深谋于廊庙，论议朝廷，守信死节；隐居岩穴之士，设为名高者；安归乎？归于富厚也。是以廉吏久，久更富；廉贾归富；富者，人之情性，所不学而俱欲者也。故壮士在军，攻城先登，陷阵却敌，斩将搴旗，前蒙矢石，不避汤火之难者，为重赏使也。其在闾巷，少年攻剽椎埋，劫人作奸，掘冢铸币，任侠并兼，借交报仇，篡逐幽隐，不避法禁，走死地如骛，其实皆为财用耳。今夫赵女郑姬，设形容，揳鸣琴，揄长袂，蹑利屣，目挑心招，出不远千里，不择老少者，奔富厚也。游闲公子，饰冠剑，连车骑，亦为富贵容也。弋射渔猎，犯晨夜，冒霜雪，驰坑谷，不避猛兽之害，为得味也。博戏驰逐，斗鸡走狗,作色相矜,必争胜者,重失负也。医方诸食技术之人,焦神竭能,为重糈也。吏士舞文弄法,刻章伪书,不避刀锯之诛者,没于赂遗也。农工商贾,畜长固,求富益货也。此有知尽能索耳,终不余力而让财矣!""天下熙熙,皆为利来;天下攘攘,皆为利往。"人人怀利以相接,安有能善其后者邪?

则有因人欲利之心以驱使之者。管子曰:"利之所在,虽千仞之山,无所不上;深渊之下,无所不入。故善者,势利之在,而民自美安;不推而往,不引而来;不烦不扰,而民自富。如鸟之覆卵,无形无声,而惟见其成。"《禁藏》。斯密亚丹《原富》之精义,此数语括之矣。又曰:"渾然击鼓,士忿怒,舆死扶伤,争进而无止,非大父母之仇也,重禄重赏之所使也。故轩冕立于朝,爵禄不随,臣不为忠;中军行战,委予之赏不随,士不死其列陈。故使父不得子其子,兄不得弟其弟,妻不得有其夫,惟重禄重赏为然耳。故不远道里,而能威绝域之民;不险山川,而能服有恃之国。发若雷霆,动若风雨;独出独入,莫之能圉。"《轻重甲》。今帝国主义之所以侵略人,得毋有合于是邪?夫因自然之势以使其民,则诚"下令于流水之原"矣;然而势处于必乱,则亦熟视而无如何。何也?自然之势在敌也。故曰:"民不畏死,奈何以死惧之。"夫人孰不畏死,然进亦死,退亦死;进则其死纾,退则其死迫;人孰不争死敌?非不畏死也,正畏死使然也。违死之众,孰能圉之?夫谁使之自视以为退不能生,宁进而死者邪?则与其人之生活程度,大有关系矣。故曰:"民之轻死,以其奉生之厚。"

人之情,莫不先己而后人,故处境窘则亲爱之情薄,亲爱之情薄,则责望之心深。韩非曰:"今世之学士,语治者,多曰与贫穷地,以实无资。今夫与人相若也,无丰年旁入之利,而独以完给者,非力则俭也;与人相若也,无饥馑疾疢祸罪之殃,独以贫穷者,非侈则惰也。侈而惰者贫，力而俭者富。今人征敛于富人，布施于贫家，是夺力俭而与侈惰也。"《显学》。何其与远西论恤贫者之言，如出一口也？夫人与人之相若，岂易言哉？今姑勿论此，而"母之于子也，贤则亲之，无能则怜之"。《礼记·表记》。货力不私，孰与为侈？又岂不能养数无能之人乎？然则民去大同之世而入于小康，犹去慈母之怀，而立诸严师之侧也；入乱世则委为奴虏矣。

且衰世之刑罚人，岂当其罪哉？庄周曰："柏矩之齐，见辜人焉。推而强之，解朝服而幕之，号天哭之，曰：子乎！子乎！天下有大灾，子独先罹之。曰莫为盗，莫为杀人。荣辱立然后睹所病，货财聚然后睹所争。今立人之所病，聚人之所争；穷困人之身，使无休时；欲无至此，得乎？匿为物而愚不识，大为难而罚不敢，重为任而罚不胜，远其途而诛不至，民知力竭，则以伪继之。日出多伪，士民安取不伪？夫力不足则伪，知不足则欺，财不足则盗。盗窃之行，于谁责而可乎？"《则阳》。天灾人祸，其非一人之力之所能御同。然天灾之为害也，有定而可以豫测，人祸则不然。天灾也，可合人力以御之，人祸则祸我者，正我所欲与协力之人也，又谁与御之乎？然则人祸深于天灾也。举众所共造之孽，责诸一人之身，而刑戮之，人复何以自免乎？

淮南王曰："仕鄙在时不在行，利害在命不在智。"《齐俗》。岂不信哉？韩非曰："古者丈夫不耕，草木之实足食也；妇人不织，禽兽之皮足衣也；不事力而养足，人民少而财有余，故民不争，是以厚赏不行，重罚不用，而民自治。今人有五子不为多，子又生子，大父未死，而有二十五孙。是以人民众而货财寡，事力劳而共养薄。故民争。虽倍赏累罚，而不免于乱。尧之王天下也，茅茨不翦，采椽不斫；粝粢之食，藜藿之羹；冬日麑裘，夏日葛衣；虽监门之服养，不亏于此矣。禹之王天下也，身执耒臿，以为民先；股无胈，胫不生毛；

虽臣虏之劳,不苦于此矣。以是言之,夫古之让天下者,是去监门之养,而离臣虏之劳也,古传天下而不足多也。今之县令,一日身死,子孙累世絜驾。故人重之。是以人之于让也,轻辞古之天子,难去今之县令者,薄厚之实异也。"《五蠹》。士之毁方而为圜,又曷足怪哉?古之人之于朋友也,"久相待也,远相致也"。其后至于"入门各自媚,谁肯相为言",以此。

约束人使不敢肆者,莫如舆论之力之强。子曰:"孝哉闵子骞,人不间于其父母昆弟之言。"《论语·先进》。孟子曰:"暴其民甚,则身弑国亡;不甚,则身危国削;名之曰幽厉,虽孝子慈孙,百世不能改。"《孟子·离娄》。毁誉之不可枉如此,是以能使人知所畏。故曰:"斯民也,三代之所以直道而行也。"《论语·卫灵公》。然而其后则有不能尽然者矣。"色取仁而行违,居之不疑,在邦必闻,在家必闻"。《论语·颜渊》。则知世有违道干誉之人,"行何为踽踽凉凉?生斯世也,为斯世也善,斯可矣"。《孟子·尽心》。则知世有枉道避谤之士。至是而毁誉不足凭矣。故乡人皆好之,乡人皆恶之,皆有所未可也。《论语·宪问》。论者必曰:"古国小,人民少,又重迁徙,所谓大国,不过如后世之僻邑而已。一言一行,恒为众所周知,无所逃于指摘。毁誉所被,荣辱随之;荣辱所在,利害随之;是以舆论为众所严惮。至于后世,四海一家,士不北走胡,则南走越。'异域之人,瑕疵未露',虽或负累,犹得自容;而社会情形复杂,士亦或为高世之行,非恒人之所能知;毁之或以为喜,誉之或以为忧;故毁誉不复能为是非之准,寖至失其裁制之权。"斯固然也。然而评论果本于良心,即应以己所闻知者为限。殊方异域之士,"道不同不相为谋"之人,皆应置诸不论不议之列。如是,是非何由淆乱?是非之淆乱,非其智之不及,实其心之不正。知其人之恶也,而慑于势,则不敢毁;受其恩,则不肯毁;与之为朋党,则且可矫情以誉之。知其人之善也，而以其有负俗之累，以欲避嫌，则不肯誉。知其事之有害也，而己有利焉，则可以肆行簧鼓。知其事之有益也，而己有害焉，则可以胥动浮言。要而言之，不以所毁誉者之善恶为凭，而以己之利害为准，此是非之所以纷然淆乱也。天下之人，非皆可欺也，且皆极不易欺。所以可欺，全因其先为私意所中。故毁誉之不正，实由人与人之关系，先失其常也。夫如是，得天独厚之士，安得不孤行其是，以毁为喜，以誉为忧哉？盖至独行之士兴，而知其时之舆论之为反社会者矣。

不徒舆论之为反社会也，法律亦然。法律者，所以裁制反社会之行为者也。何谓反社会？不道德是已。故法律与道德当合一。然而不能然，今有居心不可问，而法律顾无如之何者，俗称其言曰官话。官话者，合乎法律之言也。然则合乎法律者，不合乎道德也；然则合乎道德者，不必为法律所保护，或且为其所惩治；不合乎道德者，不必为法律所惩治，或且为其所保护也。是则法律自为反社会者也。法律之反社会，何自始哉？曰：观于决狱者不问居心，但论行为，则知其所由来矣。是非善恶，当论居心，本无疑义。所以不是之问者，非谓其不当问，乃以人之居心，多不可问；且亦无从问耳。子曰："听讼，吾犹人也，必也，使无讼乎。无情者不得尽其辞。"《礼记·大学》。曾子曰："如得其情，则哀矜而勿喜。"《论语·子张》。《王制》曰："凡听五刑之讼，必原父子之亲，立君臣之义以权之；意论轻重之序，慎测浅深之量以别之；悉其聪明，致其忠爱以尽之。疑狱，汜与众共之；众疑赦之。"古之人听讼，所以其难其慎者，凡以求其情也。夫岂不知人藏其心，不可测度，求其情，释其行，将不免于失出失入。然而有失出失入之害，亦有维持人之良心，使之能以善意相与之利；利害相消，而利犹觉其有余；此郑铸刑书，晋作刑鼎，叔向仲尼，所由断断以为不可也。见《左氏》昭公六年、二十九年。

然此亦必风俗犹未甚薄，舆论犹未甚枉之世乃能行之。如其不然，则适为贪官污吏舞文弄法之资而已。故至后世，遂无以是为言者也。然至此而法律之反社会，亦弥甚矣。

舆论法律，皆失其约束裁制之权，则所以畏怖人使之不敢为非者，惟在宗教。嗟乎！宗教果足以维持民德，扶翼民德，使之风淳俗美，渐臻上理邪？宗教者，社会既缺陷后之物，聊以安慰人心，如酒之可以忘忧云尔。宋儒论佛教，谓其"能行于中国，乃由中国礼义之教已衰，故佛之说，得以乘虚而入；亦由制民之产之法已敝，民无以为生，不得不托于二氏以自养"。斯言也，世之人，久目为迂阔之论，莫或措意矣。然以论宗教之所由行，实深有理致，不徒可以论佛教也。世莫不知宗教为安慰人心之物，夫必其心先有不安，乃需有物焉以安慰之，此无可疑者也。人心之不安，果何自来哉？野蛮之民，知识浅陋，日月之运行，寒暑之迭代，风雨之调顺与失常，河川之泛滥与安流，皆足以为利为害，而又莫知其所以然，则以为皆有神焉以司之，乃从而祈之，而报之，故斯时之迷信，皆可谓由对物而起。人智既进，力亦增大；于自然之力，知所以御之矣；知祈之之无益，而亦无所事于报矣；此等迷信，应即消除，然宗教仍不能废者，何也？则社会之缺陷为之也。"出师未捷身先死，长使英雄泪满襟"；"但恨在世时，饮酒不得足"；无论其为大为小，为公为私，而皆有一缺陷随乎其后。人孰能无所求？憾享用之不足，则有托身富贵之家等思想焉；含冤愤而未伸，则有死为厉鬼以报怨等思想焉；凡若此者，悉数难终，而要皆社会缺陷之所致，则无可疑也。人之所欲，莫甚于生，所恶莫甚于死；其不能以人力弥补其缺憾者，亦莫如生死。故佛家谓生死事大，无常迅速，藉此以畏怖人；天国净土诸说，亦无非延长人之生命，使之有所畏有所歆耳。然而死果人之所畏邪？求生为人欲之一；而人之有欲，根于生理。少之时，血气未定，戒之在色；及其壮也，血气方刚，戒之在斗；及其老也，血气既衰，则皆无是戒焉。然则血气渐灭而至于死，亦如倦者之得息，劳者之知归尔，又何留恋之有？《唐书·党项传》谓其俗"老而死，子孙不哭，少死，以为天柱，乃悲"。此等风俗，在自命为文明之人，必且诮其薄，而不知正由彼之社会，未甚失常；生时无甚遗憾，故死亦不觉其可悲也。龟长蛇短，人寿之修短，固不系其岁月之久暂，而视其心事之了与未了。心事苟百未了一，虽逮大齐，犹为夭折也。曷怪其眷恋不舍；又何怪旁观者之悲恸哉？夫人之所欲，莫甚于生；所恶莫甚于死；而不能以人力弥补者，亦莫甚于生死；然其为社会之所为，而非天然之缺憾犹如此；然则宗教之根柢，得不谓之社会之缺陷邪？儒者论郅治之极，止于养生送死无憾，而不云死后有天堂可升，净土可入，论者或讥其教义之不备，不足以普接利钝，而恶知夫生而有欲，死则无之；天堂净土之说，本非人之所愿欲邪？故曰：宋儒论佛教之言，移以论一切宗教，深有理致也。

程明道曰："至诚感天地，人尚有不化，岂有立伪教而人可化乎？"斯言可谓极其透彻。伊古以来，各种宗教，设为天堂地狱之说，以畏怖歆羡人，亦多方矣，然终不能维持世道人心者，其说固无验，人不可以尽诳也。一种宗教盛行之时，往往能使若干人赴汤蹈火而不顾，此非虚无之说，真足诳惑人也。世固有杀身成仁者，为宗教而杀身之士，岂尽冀身后不可知之报哉？又社会之迷信甚，则信教者自可得若干利益，其事固真实不虚也。中国人性颇务实，故所以歆羡畏怖之者，不在死后虚无不可知之境，而在生前可目验之事。曰天道福善而祸淫。不于其身，则于其子孙，故曰："积善之家，必有余庆；积不善之家，必有余殃。"然而福善祸淫，本于赏善罚恶，非天道，实人事也。世愈乱，赏罚愈倒置，善人受祸，淫人获福者愈多矣。世惟至愚之人，肯信无验之说。稍明事理者，即不肯信之矣。"使我有身后名，不如实时一杯酒",抑岂待后世之诗人,而后有此感慨哉?试读《史记·伯夷传》,二千年前之人,早知之矣。故欲以宗教维持扶翼民德,乃无聊之极思;聊以是自欺自慰云尔。其无益,三尺童子知之矣。岂无一二至愚之人,为其所诳?然此等人本不能为恶,诳惑之何益?徒使其惑于死后犹可得福,犹可报怨,免却现在之争斗,而强者益得自肆也。姑妇之勃溪,夫妻之反目,债权债务之陵迫,屡见弱者悬梁服毒,曷尝见强者有所畏怖邪?夷齐槁饿,汤武岂以其故废王哉?

　　舆论不能约束也,法律不足裁制也,宗教不能歆动畏怖之也,世风遂如江河日下;人人相猜疑,相屠戮,娑婆世界,变为修罗之场矣。人非故如此也,社会之组织,实使之然;迫之不得不然也。不正其本,而虽治其末,虽劳心焦思,胼手胝足,何益哉?

七、论入乱世后之改革

语云："积劳始信闲为福，多病方知健是仙。"此犹是曾经闲曾经健之人。若有人焉，生而劳苦，从来未识安闲；长于疾痰，自小未知康健；则彼将误以劳苦疾痰，为人生之本然矣。后世是也。自大同降入小康，自小康降入乱世，人之相扶相助之意日益微，而其相争相斗日益烈。败者不必论矣，胜者亦如处重围中，日虞敌人之侵袭。人生百年，无一日释其重负；偶或开口而笑，则所谓苦中作乐者也。生人之趣复何在？然而大同之世云遥矣，人不复知人之性固相扶相助，而非相争相斗者也，则以为世界本不过如此，人生本不过如此而已。岂不哀哉？先秦之世则不然。其时去大同之世未甚远，去小康之世则更近；其遗迹盖犹有存者；即故书雅记，亦不得无征；故孔子谓大道之行也，与三代之英，丘未之逮，而有志焉。夫以为人生之固然，则无可如何，知其为疾病，未有不思疗治者也。此先秦言治之家，所以多欲举社会之根柢，拨乱而反诸正也。

诸家之中，言改革最彻底者，为道家与农家，皆欲拨乱世径反诸大同者也。道家之旨，在归真反朴。此意为后人误解，以为欲举晚近之风俗，还诸皇古之淳，必将一切文明，悉行摧毁，而其事遂不可行。殊不知风俗之薄，由于人与人利害之不兼容，与其驾驭天然智力之增高，了无干涉。如谓驾驭天然之智力增高，其对于人，亦必增其残暴诡谲，则古来学问之士，必且为鬼为蜮，不可向迩矣，然按其实，不徒不如是，而其仁慈诚信，转远非不读书无知识者所及，何也？今人莫不知与之交涉，易于受亏者，为医师与律师。然惟请医师治病，延律师诉讼时为然。若与医师闲谈病理，请律师讲演法律，未闻其作诳语以欺人也。此可见人与人之相争斗，由其利害之不相容，非由其智识之相越也。今使举文明国中，凡学自然科学之所资者，悉移而致之野蛮部落中，其人之能通其学，必与文明人同，无待变其社会之组织，而后其学可通，无足疑也。至于社会科学，处于风淳俗美之社会中，容或不能了解。然社会科学之精深，本系社会病状日益增剧之所致。今者钱币亦成为专门之学矣，然无交易，安有钱币？且无钱币，何从成为学问邪？故苟能使今日人与人之关系，其利害相同而不相异也，一如大同之世，人之相亲相爱，未有不一如大同之世者也。虽欲不如是，而不可得也。老子曰："民之难治，以其上之有为。"此言最有理致。治人者必用智，用智，夫亦知用智矣，智者诈愚，由是起也。治人者必用权力，用权力，夫亦知用权力矣，勇者侵怯，由是起也。夫民日以勇相侵，以智相诈，上之人坐视而无以治之，不可也；欲治之，安得不用智用权？在都市中岂能去警察，罢遣侦探，裁法院，废刑罚哉？然而老子不云乎"圣人不死，大盗不止；剖斗折衡，而民不争"？夫岂谓杀伤人之案日出，而先去警察，裁法院？掊斗折衡者，斗衡指争夺之原言，非指平争之具言也。人之相杀伤，自有其原，塞其原，又何杀伤人之有？又安用警察与法院？道家之意如此，其理至平易也，而数千年以来，皆以为迂阔难行之论，信乎惯于病者之不复可语夫健哉！

神农之言曰："贤者与民并耕而食，饔飧而治。"此即剖斗折衡之谓。所谓政府，本有两种作用：一以治事，一以镇压。人之利害,既相与同矣,莫或争夺,焉用镇压? 至于治事,只对天然,非以治人,亦极易简。虽并耕而食,饔飧而治,固无虞其不给也。治人之事,愈复杂愈难,治物则不然。治三军者,必不如管理小学校之易也;用大机器者,则不必难于用小机器。今工商等业,管理之难,亦皆在对人,非在对物也。人与人之相与,无虞无诈,悉以诚,生产运输等规模,虽合全世界为一,犹无改其简易也。《荀子》曰:"或禄以天下而不以为多,或监门御旅,抱关击柝,而不自以为寡。故曰:斩而齐,枉而顺,不同而一,夫是之谓至平。"《荣辱》。斯言也,自古至今,视为不易之论,而恶知夫任大任小,实由其度量之相越,初非由歆荣名厚利而为之;苟无其人,虽悬重赏,终莫之致哉? 而美恶相形,人必歆于美而不肯自安于恶,而争夺之原,遂自此起,此即老子所谓斗衡也。故为神农之言者,欲使五谷布帛多寡长短同,则价相若。孟子谓巨屦小屦同价,人岂为之? 以为质之不同,犹其量之有异,而恶知许子之意,正欲使人莫为其精者,然后艳羡之原去,争夺之祸泯哉? 或谓如此,是毁社会之文明,而复返于野蛮也。殊不知众人之生活程度皆增高时,物之精者将自出;而因享用不平,浸至酿成大乱,仅有之文明,旋复摧毁,进寸退尺之祸,则无之矣。合全局而衡之,吾见文明之进益速,而未见其迟也。夫今日社会之难理,益倍蓰十百于古矣,然人之才智,未能倍蓰十百于古也。欲臻斯世于治平,非人之才智,倍蓰十百于今日,则必事之易理,蓰倍十百于今日而后可。由前之说,生物学明其无望矣。由后之说,则社会本系如此,而后乃失之者也。譬诸身,康健时本不劳疗治,所以见为难治者,皆病状日深,以致诸医束手也。复于康健,饮食起居,人人能自调护,何待于医? 更何待国手哉? 故真欲臻斯乱世于治平,非还诸淳淳闷闷之境不可;而欲求认真反朴,则必改变社会之组织,使人与人之利害,相同而不相背。道家农家,固皆深知此义者也。

儒家亦慨慕大同，然其议论，其主张，皆欲先复小康之治。盖欲由是渐进于大同，非以小康为止境也。何以知儒家非以小康为止境也？《记》曰："礼，时为大。"其释时为大之义曰："尧授舜，舜授禹，汤放桀，武王伐纣，时也。"古之所谓礼者，非徒动容周旋，节文度数之末，一切人事，靡不该焉。故禅让放伐，乃礼之最大者也。礼也者，"因人之情而为之节文"。人情犹素，节文犹绘。故曰"绘事后素"。礼家之责，在绘事之得其宜，素之美恶，非所问也。不徒非所问，礼也者，因人情而有，人之情变而礼不变，礼则有罪焉。违人情以存礼，非制礼之意也。此小儒之所以不可语于通方也。礼莫大于禅让放伐，禅让放伐，犹因人情而变，况其下焉者乎？然则一切小康之制，不容拘守审矣。宋儒罗处约，谓"六经之教，化而不已，则臻于大同"，见《宋史·文艺传》。可谓知言。彼疑大同非孔子之言者，不亦拘于墟哉？

儒家出于司徒之官，故最重教化。然教必先富，儒家于此义最明。故孟子斤斤于制民之产。"乐事劝功，尊君亲上，然后兴学"；《礼记·王制》。未闻救死不赡，顾责之以治礼义也。儒家富民之策，首重平均地权；勿夺其时；食之以时，用之以礼。其意在于生之者众，食之者寡；为之者疾，用之者舒。故必合生产消费而通筹，非如今之言生计者，但汲汲于生产也。儒者之于工商，主市廛而不税，关讥而不征，似与春秋战国时情势不合。然读《礼记·王制》《盐铁论·散不足》篇，即可知其主张之所由。盖如儒家之意，居民上下，一举一动，皆当率循乎礼；如此，淫侈之事，自莫敢为；莫敢为淫侈之事，安所用淫侈之物？商人自无所牟大利；儒家治国之制而诚行，末盖有不待抑者矣。此论固不易行，然议论则不能谓其有误。如今苟能使人民日用饮食，一守闭关之世之旧，岂虑入口货之日增？又焉用关税以为壁垒也？今之论者，率谓生产果多，则消费虽增而无害，故奢侈惟在贫乏时当禁，在富裕时即不为恶德。此以言布帛菽粟、日用必须之物则可。何者？其消费之量，自有定限也。若人炫垂珠，我求和璧，相高无已，安有足时？不特此也，雕文刻镂者众，则操末耜者寡矣；刺绣纂组者多，则事女红者少矣。即使生产既多，奢不为恶，而生产未多时，奢不能禁，生产又何缘而多也？故教有二义：衣食饶多矣，设为庠序学校以教之，使乐礼义而不为恶，教之一义也。衣食未足时，与生活程度不相称之物，禁不得为，与生活程度不相称之费，禁不得用，教之又一义也。二者不可偏废，此义汉世儒者，犹多知之。《坊记》言礼之精义曰："使民富不足以骄，贫不至于约。"今之贫者，固欲求其不约而不可得也，物力限之也。然惟富者不能骄，而后贫者可以无约，狗彘食人食，则终必至于途有饿莩矣。虽有仁人，不能躬耕以食之也；即能躬耕以食之，又何策保吾所获之粟，不为以人食之狗彘者之所夺也。此政之所以不可不立也。夫梁惠王，一国之君也，特狗彘食人食而不知检而已，未尝躬以人食食狗彘也，孟子犹非之。今上海，乃有日市牛肉于番菜馆，以养其狗者，办公毕，则自驾摩托车往，取之而归。此等事，实行儒家之礼教，能否自由？世徒訾礼教之杀人也，杀人果由礼教乎哉？旧礼教未尝无杀人者，然救人者皆不行，惟杀人者独存，且变本而加厉也，又岂礼教之咎乎哉？

　　法家之义，异于儒家。儒家重平均地权，法家重节制资本。盖古工业皆官营；山泽皆公有；省耕省敛，补不足，助不给，亦皆仰赖于上；故齐民莫能相并兼。至山泽为私家所有；工业亦为私家所营；交易渐广，卖者与买者，亦不得直接，而必藉商人为之介；而其情势大异矣。法家之所以处置之者：曰官山海，所以收山泽之利，使不为私家所障管也。曰收轻重敛散之权，所以抑商人也。曰收借贷之权，所以制今之所谓高利贷者也。其说具见于《管子》。《管子·国蓄》曰："使万室之都，必有万钟之藏，藏镪千万；使千室之都，必有千钟之藏,藏镪百万;春以奉耕,夏以奉芸,耒耜械器,种馕粮食,毕取赡于君,则大贾蓄家,不得豪夺吾民矣。"大贾者商人,蓄家即今所谓高利贷者也。

当春秋战国之世,有蒿目时艰,不为高论,惟以救世为急务者,时为墨子。墨子之所行,乃古凶荒札丧之变礼也。《记》曰:"岁凶,年谷不登,君膳不祭肺,马不食谷,驰道不除,祭祀不县,大夫不食粱,士饮酒不乐。"《曲礼》。凶荒则当谋节省,而节省当全社会而通筹,大同之世,本系如此;即小康之世,亦有能行之者,卫文公大布之衣,大帛之冠;齐顷公七年不饮酒,不食肉皆是。越句践卧薪尝胆,盖亦犹行古之道,而传者过甚其辞耳。"庖有肥肉,厩有肥马,民有饥色,野有饿莩",此礼制既坏后事,古之人无是也。庄子讥墨子曰:"其道大觳,违天下之心,使人不堪。墨子纵能独任,奈天下何?"然则饮食衎衎,而坐视民之饥而死,反诸人之相人偶之心,能堪之乎?庄子其以此为人之本性邪?《荀子·富国》篇曰:"不足非天下之公患也,特墨子之私忧过计也。"其说若甚辩。然亦思荀子富国之策,非以有政故乎?其政,非即古之所谓礼乎?荀子所言,平世之礼也;墨子所言,凶荒札丧之变礼也;当凶荒之时,而行平世之政,则蔡京之丰亨豫大尔。抑墨家之言,尤有可深长思者。《荀子·正论》述宋子之言曰:"情欲寡。"今之人,皆以人性为好奢也;其俭者不得已也。误于是说,变本加厉,故非所欲,习与性成,而奢侈之事,遂相引于无穷。其实人之有欲根于生理;饥饱寒暖劳逸,皆自有其度。过俭固非所堪,过奢亦非所欲。人之本性,惟在得中。道家养性之说,所以贵"适情辞余,以性为度"也。见《淮南·精神训》。礼之不背人性,实以此为本原。必明乎此,然后知为仁义者,非戕贼人,若戕贼杞柳以为杯棬也。墨家用夏,夏之政忠。以哀矜恻怛之心,行勤生薄死之事,正所谓忠也。儒家亦曰:"三王之道若循环。救周之文敝,莫若以忠。"知孔墨必相为用矣。

先秦之世，言改革之家如此，皆欲举社会组织，革其变以复其常，非徒曰修明政事，维持治安，以求一时之安云尔。夫思想者，事实之母也。有是思想矣，一时虽若受挫折，迟早终必见诸事实。先秦之世，有志之士，公认社会之当改革如此，其必不能免于改革，亦审矣。

改革当在何时邪？力征经营之世，自未暇及此，一统之后，则其时矣。世皆以秦始皇为徒暴虐，事侠游，此语大失其实。始皇之罢侯置守，开千古未有之弘规；其燔诗书百家语，令民欲学法令，以吏为师，亦得古者政教合一、官师不分之意。其所行是否，别是一事，要不可谓非无意于根本改革者。始皇怒侯生等曰："吾前收天下书不中用者尽去之。悉召文学方术士甚众。欲以兴大平。方士欲练，以求奇药。"求奇药不足言。兴大平必有所作为。以始皇之威严，辅之以李斯之核实，苟有兴革，或能较新莽为切于事情，不致引起大乱，亦未可知。惜乎运祚短促，其力尽于镇压反侧，攘斥夷狄，而未能及于致治清浊之原也。秦灭汉兴，刘邦故无赖子；一时将相，非刀笔吏，则椎埋少文者流；不足语于改革。然萧曹为相，填以无为；高后女主，政不出房户，而刑罚罕用，民务稼穑，亦得萧曹遗意。自此至于景帝，凡七十年，汉之为政，皆可谓守黄老之道者；而文帝之节俭，亦墨家之遗意也。而天下卒以不治者，何也？道家之要，在于无为。无为非无所事事之谓也。为之言化也。浅演之世，民皆蠢愚，抟心一志，以听于上。斯时之民，本不能为恶；为淫侈之事，以败坏风俗者，皆在上之人，故老子哓音瘏口，欲一悟之；欲其守小国寡民之俗。此犹今日告川滇土司，令勿效法汉人耳。以此语南京、上海之市长，则戆矣。以南京、上海，为淫侈以败风俗者，不在市长也。汉世则犹是也。后之衣，富人以衣婢妾；而文帝所幸慎夫人，衣不曳地，何益？墨家之言节俭，亦非谓躬自俭，坐视人之淫侈，而不为之法度也。是时欲用老墨，必先大变天下之俗，俗既淳矣，无不守法度者矣，在上者乃守之以俭，填之以静，乃为有益。否则犹治病者，不去其病，而欲养其体，必不可得之数也。故自萧曹至文景之安静节俭，除政府不自扰民，不自导民为非外，更无他益。《史记》述武帝初之富庶，至于"都鄙廪庾尽满，而府库余财；守闾阎者食粱肉，为吏者长子孙"。然又曰："网疏而民富，役财骄溢，或至兼并。"夫兼并行于穷困之日，岂有行于富庶之时者哉？而顾如此，可见是时富者自富，贫者自贫也。故萧、曹、文、景之安静节俭，必不足以致太平也。武帝起，用桑弘羊。弘羊，世徒以为贾人子，工心计，此又误也。其人湛深于学术，所行皆管、商遗教，读《盐铁论》可知。夫不务扶植贫弱，而务摧抑豪强，以治业已倾危之社会，似得之矣。然而亦无验者，私家商工之业已盛，弘羊所行之策，固不足以制之也。常平之法，即所以收谷物轻重敛散之权，后世迄未废绝，然不能平谷价者，谷物之市场已广，在官之资本甚微故也。他事视此。且其所用多贾人子，以自私牟利之心，行抑制并兼之政，其不能善其后，无俟再计矣。读《盐铁论·水旱篇》可知。又况是时，县官大空，急于聚敛，平准之法，悉成为搜括之策哉？先秦之世，言社会改革者，不过儒、道、法、农、墨五家。农家之旨，与道家同。至是，则四家之说，皆已行之而无验矣。儒亦当时显学，必将有所藉手，势也；况复经武帝之表章乎？故自宣、元以后，而儒家之说遂独盛。

儒家言治，本先富后教。此义在后世稍以湮晦，汉儒则犹具知之。而教有二义：一渐之以仁，摩之以义，辅之翼之，使自得之，必在衣食饶足之后。一为之法度，禁其逾侈，必奢侈越礼之事绝，而后民可得而足。则在今日，知者亦少，然先秦两汉之世，凡儒者无不明于此也。民之好侈，非有憾于物之不足，皆憾与人相形而见其不逮耳。不然，饥寒为切身之患，人人所知；奢侈必致饥寒，亦人人所知；当有不待语诫，自知警惕者。然每当承平数十年，论者必以风俗渐奢为患，虽语诫亦无益,何哉？或引于前,必或逐于后,民之性则然,非空言所能挽也。夫入逾于出,虽贫必富;出逾于入,虽富必贫;理至易明,而实不可易。故欲求足民,必能节用,徒能多生利无效;欲言节用,必能禁奢,徒善言劝导无效。足民之策,儒者重平均地权。行之急者,为新莽之王田。行之徐者,为董仲舒、师丹之限民名田。教化之义,主于辅翼者,欲兴庠序,设学校,刘向、王吉等主之。见《汉书·礼志》。主立法度者,以翼奉为最急,欲迁都以更化。然皆未及行,至新莽乃行之。然新莽之所行,又非纯儒家言也。盖儒家言详于平均地权,略于节制资本,此在东周之初,商工之业,尚未大盛,其说或可用;至于汉世,盐铁酒酤之家,履丝曳缟,乘坚策肥,千里敖游之流,其势力,曾不下于有土之君;居民上者不摧抑之,终不足以言治,其事正明而易见矣。故新莽更制,实兼儒法。田为王田,卖买不得,儒家平均地权之义也。五均六筦,法家官山海,制轻重敛散之意也。凡有所为者,无不当自占纳税于上;而民欲祭祀丧纪无费,若欲治产业者,上以是贷之。物周于民用而不雠者,均官以本价取之,而治产业者不虞消乏;物昂过平价一钱,以所取者平价卖与民,而仰给者不病贵廋。不殖,不毛,浮游无事者有罚;不能得业者,亦得尤作县官。其计划可谓周且悉。然而反以召乱者？大同之世,去之久矣;虽小康之治,亦云遥矣,人皆挟自为之心,习私产之俗,徒恃在上者之力,操刀代斫,未有能善其后者也。新莽之败,非新莽一人之败,乃先秦以来言社会改革者之公败。何也？莽所行,非莽之私见,乃先秦以来言社会改革者之成说,特假手于莽耳。自此以降,无复敢言根本改革者,皆委心任运,听其迁流之所届耳。其善者,不过弥缝补苴,去其泰甚,而成否犹视乎其所遭;成不成,乃其幸不幸耳,非必其善不善也。而"治天下不如安天下,安天下不如与天下安"之语,遂为言政治者之金科玉律。

八、论大同之可复

予年九岁,始读陶渊明《桃花源诗》。当时父师诏我,以为是寓言也,予亦诚以为寓言而已矣。及年十四,读《经世文编》,于其第二十三卷中,见乔光烈所撰《招垦里记》,述其地风俗之淳,与桃花源曾无以异,颇疑渊明《诗序》,亦非寓言。元文亦云:"予小时读《桃花源记》,特以为出于作者之寓言,及观于是,始叹与渊明所云,未有异者。"其后测览所及,此等记载,见于诸家著述中者,尚不可一二数,惜当时未知群治变迁之义,未能一一录存,及今日,遂如大海捞针,无从翻检耳。然民国二十二年十一月某日,上海《申报》,载是月十五日山东费县通信,①述蒙山居民之俗,谓其室用巨石垒筑,甚宽大而无门,此则孔子所谓外户不闭者也;又谓其服装及婚嫁仪式,类似明代;问其年代,尚不知有民国,此则渊明所谓"不知有汉,何论魏晋"者也。元文云:"蒙山县亘鲁南临郯、费峄、蒙泗、新莱各县,东西二百余里,南北百余里;泉水清洌,森林遍山。产名药异果铅锡等矿。因交通滞涩,百年来鲜有入山开泉者。山内人民,尚有野人风。不知耕稼,仅采山药及银花,易粟而食。其人面色黝黑,声刚而钝。不履,足底冈子,有二分厚,登山攀树

① 《鲁南蒙山人民生活——衣食住行尚有野人风,不知字亦不知有民国》,见《申报》一九三三年十一月十八日第十版。

捷如猿。居石室内，每村十家数十家不等。皆推举年长有力者，管理村事，颇似部落酋长。凡有纠纷，均诉请解决。婚嫁仪式，与明代无异。民性极蛮横。山外人除采购药材外，不得久居山内，否则必遭暗杀。山居不知岁月，梅花盛开便过年。秋夏工作之余，村长即率全村人民，在山下跳跃聚乐，且唱山歌。有婚娶者，全村前往帮忙庆祝。居山洞或石室内。室用巨石垒筑，高丈许，甚宽大，无门。在壁上留洞，以透日光。室内敷草为床。全家均睡一室。用薄石板为桌。锅碗由内地购往。服装类似明代，均以土布为之。妇女尚缠足。服装与男子无异，惟头裹粗布帕。言语行动，与内地类似，但无识字者。问其年代，尚不知有民国也。"冈子，元注云："俗名。"案盖谓足茧也。风俗蛮横，盖其对外人则然，其自相与，和亲康乐，必有非吾侪所能想象者。登山攀树如猿，俨然三国时之山越，知当时目为深山化外之民，强出之以充军伍者，其中风淳俗美之地，为不少矣。山越之名，晋后罕见，实则晋南北朝所谓蛮，皆三国时之山越也，特易其名耳。蛮与山越，其蔓衍，盖遍今秦豫湘鄂皖赣两浙之境，而在湖南者，同化尤晚，桃源盖亦其一也。弥以征渊明所记，非寓言矣。足征渊明所记，非寓言矣。观此，知人心随境而变；有何等境地，即有何等风俗；无所谓世风不古；亦无所谓古今人不相及。苟能使社会组织，与古风淳俗美之世无以异，必将求今人之不为古人而不可得也。

孟子曰："大人者，不失其赤子之心者也。"此语最好。人欲求智识，当增益其所本无；而欲求进德，则但当去其旧染。以凡恶皆是"后来没把鼻生底"，朱子之言。无一为生初所固有也。惟社会亦然。一切恶俗，皆由恶制所致；而制之不善，则皆人类驾驭天然之力未足，因之，人与人之关系，亦失其正耳。佛说："凡事皆因缘际会所成，无自性。"无自性，则知其为业力所造。黑业造成之事，无不可以白业祛除之者，大同之必可致，吾侪当有此信念也。惟今后所谓大同，有与古之大同异者。古之大同，乃处境优良所致，而此境非其所自造，故境变，制即与之俱替，俗亦随之而坏焉。今后则经历万难，明知前此之恶，而有意造出一善境，乃可入于不退转地。故古之大同赤子，今后之大同，则为大人。赤子者，环境所造之大人，大人则自力回复于赤子者也。

今后之大同，其情状果何如邪？曰：人与人之利害，全然一致。其于物也，亦因其智识之高，防御及利用之力之强，蒙其利而不蒙其害，见其可爱而不见其可畏。至于一切不可遂之欲，则本非人性所固有，皆社会之缺陷，有以致之；社会无缺陷，人自无此等欲念矣。如是，人遂有乐而无苦。夫物不可穷也，人有乐而无苦，则易不可见，而乾坤或几于息邪？曰：不然。人类是时之所争，乃在道德。甲行仁而乙自愧其勿如，乙行义而丙自惭其不逮。夫如是，则愈竞争而愈得和平。人类至此，所视为大敌而欲克服之者，乃不在外物而惟在其心。夫如是，一切学术宗教中最高之义，乃能为万人所领受，亦能为凡人所享用，非如前此，说虽甚深微妙，实徒有极少数人能知之能行之也。夫是之谓大同。

大同之不可致，皆囿于小康之治者为之。人类既有阶级，则两阶级之利害，必不能相容。小康之治，本因两阶级对立而起。其一切制度，皆所以维持其时之社会组织者，能自此更进一步，自可臻于大同；抑人类本自大同之境，堕落至此也。乃世之小儒，必执此时之制度为天经地义。明知其不尽合于人性也；不免毁此阶级以利彼阶级也；乃以为人性本恶，非此无以治之，释此则世事将更不可问。本为人而立制度者，其极，乃杀人以维持其制度焉。今所谓旧礼教食人者，其礼教皆此类也。今若诘责之，彼且衍衍有辞曰："子不见夫人心风俗之恶，虽跂就见制度，尚觉其不及邪？"于是彼辈乃日以正人心、移风俗为务。以为人心既正，风俗既淳，制度乃可继之而变也。而恶知笃守今日之制度，人心永不可得而正，风俗永不可得而移邪？孟子曰："待文王而后兴者，凡民也，若夫豪杰之士，虽无文王犹兴。"寻常之人，不能自振于恶劣环境之下，此义古本明白。譬诸居室，栋折榱崩，处其下者皆覆压焉，苟非力士，孰能掀墙而起？恶得曰：凡处其下者，吾皆将待其自起焉，而不自外为之去其瓦砾也？故治化之不能进，不知恒人之心恒制于境者实为之。此义明，凡恶无不可去，凡善无不可臻矣。故今后救世之务，不当空言改革人心，而当努力改革社会。循是而行，大同之世，虽去今犹远乎，固未尝不可以渐致也。

孔子果圣人乎？较诸佛、耶、回诸教主，亚里士多德、柏拉图、康德诸大哲如何？此至难言也。吾以为但论一人，殆无从比较。若以全社会之文化论，则中国确有较欧洲、印度为高者。欧印先哲之论，非不精深微妙，然或太玄远而不切于人生；又其所根据者，多为人之心理；而人之心理，则多在一定境界中造成；境界非一成不变者，苟举社会组织而丕变之，则前此哲学家所据以研究，宗教家所力求改革者，其物已消灭无余矣，复何事研求，孰与变革也？人之所不可变者何事乎？曰：人之生，不能无以为养。又生者不能无死，死者长已矣，而生者不可无以送之。故"养生送死"四字，为人所必不能免；余皆可有可无，视时与地而异其有用与否焉者也。然则惟"养生送死无憾"六字，为真实不欺有益之语，其他皆聊以治一时之病者耳。今人率言：人制驭天然之力太弱，则无以养其生，而人与人之关系，亦不能善；故自然科学之猛晋，实为人类之福音。斯言固然。然自然科学，非孤立于社会之外，或进或退，与社会全无干系者也。社会固随科学之发明而变，科学亦随社会之情形，以为进退，究之为人之利与害者，人最切而物实次之。人与人之关系，果能改善，固不虑其对物之关系不进步也。中国之文化，视人对人之关系为首要，而视人对物之关系次之，实实落落，以"养生送死无憾"六字，为言治最高之境，而不以天国净土等无可征验之说诳惑人；以解决社会问题，为解决人生问题之方法，而不偏重于个人之修养；此即其真实不欺，切实可行，胜于他国文化之处。盖文化必有其根源，中国文化，以古大同之世为其根源，故能美善如此也。今之人，亦知慕效西洋文化，不免有弊矣，而欲反诸旧文化者，又多为人訾议，其主张，亦诚有可訾议之处，遂至皇惑而无主。予谓此由其所提倡者，多小康世之伦纪耳；若知小康之法，本非了义；其说或不可行于今；或虽不能遽去，亦如蘧庐可一宿而不可久处；不必爱恋卫护，视为天经地义；所蕲郷者，一以大同之义为依归，则中国文化，美妙殊胜，但可爱慕，无可非议矣。下士闻道大笑之，吾愿其深观世变，勿拘于墟也。

挟泰山以超北海，非人力所能为也。然凿巴拿马地峡，开苏彝士运河，与挟泰山以超北海，亦何以异？是知人之筋力有限，其心力则无限也。精诚所至，金石为开；子又有子，孙又有孙；为山九仞，方覆一篑，进吾往也，何事不成？二乘聋瞽，虽能生天，不到佛地；四海皆秋气，一室难为春；既闻高义，安可不勉？请诵两大贤之言，以结吾书。曾子曰："士不可以不弘毅，任重而道远。仁以为己任，不亦重乎？死而后已，不亦远乎？"张子曰："为天地立心，为生民立命，为往圣继绝学，为万世开太平。"

跋

　　此书为民国二十二三年间，予在光华大学所讲，二十四年夏，樊君仲云主编《文化建设月刊》，以孔子之学说征文于予。予谓惟孔子之说，中国人人童而习之，今生徒虽不读经，然其父师皆读经之人，不患无所闻之。抑学说之行既久，则化为凡民之日用行习，虽不闻其说，固已知其义矣。众所共知之义，固无俟赘陈，抑且不免有弊。其亟待发挥者，实在湮晦之高义。无论何种学说，传述者率以中材为多。仲尼没而微言绝，七十子丧而大义乖，刘歆攻击今文师之言，诚不尽可信；然《春秋》文成数万，其指数千，今读其书，有其文无其义者甚多；则知歆虽訾謷，此言初不尽诬。书缺有间，口说何独不然，安得执今之所传者，为足尽孔子之道乎？况学说恒随时势为变迁乎？孔子之道，盖久非其朔矣。世之自谓护卫孔教，而转使孔道蒙垢，诒害于世者，实由执小康之义；甚至所执者，为治乱世之法，有以致之。欲拯其弊，非昌明大同之说不可。此义惟康南海最明，然皆以空言说经，不知社会变迁之情状，固无以使人起信。其所想望之大同，遂亦如海上三神山，可望而不可即，固不可无以补正之也。乃复将讲稿，略加删正，以覆樊君焉。

　　此书之意，主于考古，特欲明孔子所谓大同者确有其世为何如世，并明其不可复耳。至于如何复之，则一致百虑，同归殊途，固非可以一言尽，亦非浅学所能言。然私见所在，亦有不妨为读者一言之者。予谓中国今日，欲言救正社会，古人之策划，仍宜注意者有三焉。其一，中国之革命，当注重农人，不当偏重工人；而其牖启农人，则当以耕作使用机械为要义。今之迷信苏俄者，辄曰革命当以工人居前列，以其有团结，能斗争，习公产；农人则反是，且皆锢蔽难启发也。然中国之民，十八九业农，新式工业，惟通都大邑有之耳。将不革命邪？抑坐待资本主义之成，而后为之计也。夫自私之制之下，不足以言公心久矣，今日之大弊，即在于是。故欲正农民，非革土田私有之制不可。然土田私有之制，非□□□简单之强力均田之法所能革也。果其能之，则新莽王田之法早行。北魏均田之令，唐租庸调之法，亦久存而不废矣。害于其事者，必先生于其心，心不革，事固无由而变；虽强变之，亦必旋复也。然心又非可以空言革也。人之心，恒随乎境，故生活实为最大之教育。惟耕作使用机械，然后土地割裂，乃觉其不利，而共同耕作之法，乃可以徐行。制曰公，则人之公心，亦油然而生焉。此则俄国集合农场之制，实深可取法者也。其二，孔子所谓大同者，乃古农业共产社会。此等社会，其规模小，故其事之是非利害易见而易于措置；其人数少，故其和亲之情深；而偶有桀骜不驯者，社会裁制之力亦强。在今世固无由断其联结，复反于孤立之境，而人之相人偶，亦惟在其利害之相同，而不系于孤立与否，此义篇中已言之矣。然当拨乱反正之时，古者度地居民之制，仍不可以不讲。人之居处，自有其天然之则。人之性，皆乐群居，空山之叟，闻足音犹为之色喜，自非有大不得已之苦衷，未有乐绝人逃世者，此吸合人使之聚者也。然人虽乐群居，其所能与接为构者，究有定限，处于万人如海之都会中，将不觉其乐，惟苦其嚣矣。此又限制人使聚集不能过甚者也。生产之规模，则用力少，成功多，此吸合人使之聚集者。然今所生产，皆为商品，商品必求其价廉，故宁忍居处之苦，以求生产规模之大。至于分配之制异于今日，人尚忍居处之不适，以就生产之机械乎？此则未必然矣。此又限制人使聚集不能过甚者也。今之都会，其缘起非以战守，则以工商业；又以富人贵族聚居淫乐之事多，守卫之力亦强；人或贪逸乐，托庇护，又穷人衣食者争托迹焉，皆社会之病态，非天然之规律。今之政治，徒闻自上镇压下，不则训练其民以御外，或事侵略，亦治者之自私；而联合人共善其事，共乐其生之义，反日益废坠矣。苟欲拨乱世返诸正，非依自然之情势，兼地理与人民风俗言。划为若干区；区各自善其事，未有足语于真联结者。不联结则不同矣，而况于大乎？[①]

---

① 此跋似未完。

整理后记

  《大同释义》原名《中国社会变迁史》，撰写于 1933 年暑假前，系 1933—1934 年间吕思勉先生在光华大学授课时的讲稿。1935年夏《文化建设》月刊主编以孔子学说为题向吕先生征文，先生遂改此篇为《孔子大同释义》交《文化建设》月刊杂志于是年第一卷第十、十一期刊出。《大同释义》正文分八小节，并存有《文化建设》月刊的刊印稿跋一篇。此文后收入"吕思勉文集"中之《中国文化思想史九种》(上海古籍出版社 2009 年版，个别处有删改。)和《吕思勉全集》。本次又据刊印稿重新做了校对整理，原注释均改为文中夹注，编者按语注于页下，删改之处做了补正，又改正了误刊和错字，其他如行文造句、概念术语等均按先生原刊印稿或手稿刊印不作改动。

李永圻　张耕华
2017 年 12 月

大 同 释 义

——中国社会变迁史

自　序

从前的人,总说知易行难;孙中山先生却独说知难行易;这两种说法,究竟哪一种对呢? 我说:这两种说法,各有其立场。从实行上说,自然是知易行难。不论怎样坏的人,总没有不知好坏的。却到该遵照道德律而行时,就有许多说法,替自己辩护,宽恕自己了。"子路有闻,未之能行,惟恐有闻",果有这种勇猛精进之心,尽其所知而行之,已足成其为圣贤,为豪杰。所以知易行难之说,确有其理由。但是从处事的方法上说,却就不然了。要把一件事情措置得妥帖,必须先把这件事情的本身,弄个明白,这是自然之理,谁也不会反对的。然而弄明白一件事情,谈何容易? 古往今来,不少自以为明白的人,而其所谓明白,究竟确实与否? 彻底与否? 从后人看来,往往很有可疑。古今不少热心任事的人,而其对于事情,往往不能措置得妥帖;甚至转益纠纷,即由于此。从这一点而言,行易知难,又不能不谓之真理了。我们对于事情,不能明白,其受病的根源,究竟在哪里呢?

《易》曰:"穷则变,变则通,通则久。"这句话,是一个很普遍的法则。不但社会上一切事情如此,即社会的本身,亦是如此。社会必有其环境,环境本不是恒常不变的,社会的力量,又多少能使环境改变。环境既变,其影响复及于社会,而社会中的各分子,亦是互相影响的。所以社会的分子——人与物,无时不在变迁之中,社会的本身,自然要不绝地变化了。治法乃人所以对付事物之工具。事物一变,工具当然随之改变,这亦是自然之理,人人都能明白的。然而抽象地说,如事物现放在眼前,就大不同了。人们往往在理论上承认变革为当然,而在事实上,却固执变革为不可,尤其是社会的组织,不但固执为不可变,并有不知其为可变迁之物的。于是一切争执,从此而起。提倡变革之人,往往因之而遭戮辱、杀害。其在一枝一节的事情上,固然未尝不为有意之改变。然而社会全体,是互相关联的。变其一,不变其二,不但不能得所预期,甚至所得者转出于所预期之外,或与之相反,天下就从此多事了。

自欧亚大通后,我们遭遇着旷古未有的变局。我们的不能不变,数十年来,亦逐渐为众所共认了。然而其变之始终不得其法,迄今日,仍在流离颠沛之中,这是什么理由呢?分而言之,其说可以更仆难尽。总而言之,则由于我们不明白我们自己的社会。不明白社会的现状,则不知今古之异,而欲执陈方以药新病;不明白自己社会的性质,则不知人我之异,而强欲以他人所有者,施之于我;遂到处见其扞格而难通。数十年来,不论守旧维新,莫不言之成理,而行之无不碰壁,即由于此。然则我们的社会,情形究竟如何,必须弄一个明白,看似迂阔,实系目前至急之务,且为自救根本之图了。

现在是不能说明现在的,要明白现在,必须溯其原于既往。此书之作,是我从民国廿二年到廿三年,在上海光华大学所讲,原名《中国社会变迁史》。吾国史料之流传,自以秦汉以后为多;而社会的变迁,则实以三代以前为烈。秦汉以后,我们现在的社会渐次形成,根本上没有什么大变动了。固然,晚周、秦、汉之世,为这种社会形成之初，人心上还觉得不安，还要想把他回复到已往的状况。果其熟悉这一时期的历史，亦可见得社会本来不是如此，因而悟到社会不是恒常不变之物。然而前此的史材，所传太少了，又多隐晦难明，很难给人以充分正确的知识。人们就很容易误会：社会是恒常如此的。即使不然，亦以为社会之为物，只能听其迁流，而不容易以人力加以改造。大家怀抱着这种思想，社会所以永无改革之望，即一枝一节之改革，亦多扞格而难通。然则将社会的本身，探本穷原，弄一个明白，确实是根本之图，而亦是至急之务了。此书虽然不足以语此，却是有志于此的。此书原名《中国社会变迁史》，所以改定今名者，我认为孔子所说的大同、小康、乱世，确足以代表中国社会变迁的三大时期。大同，不但是孔子，亦是人人心中所想望的。孔子在二千年前，指示我们以这最高的模范，阐明而光大之，自是后死者之责。亦且大同、小康、乱世，三者相因，明其一，亦即能明其二；不明其二，亦终不能明其一的；所以举一可以概三。我们所求明白者，为自大同时代直至现在的情形；我们心所向慕而蕲其实现者，则尤在大同时代；故而改定今名，以志蕲向。

既然想把中国的社会，弄个明白，自然该从最古的时代，直说到如今了。而此书却止于两汉之际，这是何故？原来中国的社会，体段太大，所关涉的方面太多，情形太复杂了。要彻底说明它，自然非短时期所能。而在今日，需要精详研究之书，亦似不如说明大体之书之切。因为中国的社会，以前是怎样一个经过，现在是怎样一个情形，为什么有此经过，成此情形，还全在茫昧之域。必须有大概的知识，然后可作精详的研究。所以此书系用鸟瞰之法，说明中国社会变迁大端。一枝一节之处，都不之及，以免芜杂之累。东汉以后的社会，根本上无大变迁，所以就略而不及了。虽然如此，稍枝节的考证，总是不能免的。所以我在行文时，都力求置之附注之中，以免正文芜杂。全书的纲领，自然要借重于现在社会学家的成说，可是由我考据所得，亦不能谓之绝无。我虽然不敢以有学问自居，可是所读的书，也还相当，立说也还谨慎。牵强附会，是生平所不肯出的。于这一点，颇希望读者注意。至于阐明中国社会的真相，这么一个大题目，自非如我之浅学，所能担当。我不过觉得此类的书籍，还很缺乏，希冀抛砖引玉，以此为大辂之椎轮而已。全书在去年暑假前，本已用文言写成。正文不足三万字。以简要论，自胜于现在的白话本，但我天赋至愚，笃于自信，一得之见，颇想对于全民族以芹曝之献，觉得现在读这一类书的人，和白话接近者较多，和文言接近者较少。求其传布较广，收效较弘，暑假后，乃将文言之稿毁弃，改用白话，随讲随编，将次完竣，因病中辍。直至昨日，始行全部写成。"家有敝帚，享之千金"，我并无此勇气。不过天赋至愚，笃于自信，总以为不至一无可取而已。其大部分，自然是燕石。如有锡以指正，使我不至终宝其燕石的，敬当祷祀以求，馨香以祝。

自欧洲学术输入中国之后，社会学的学说，要算最为风行。这也有个理由，社会是整个的，不是片断的。不论什么社会现象，都是整个社会上的一种现象。离开了社会的全体，都无从解释的。从前的人——不论东西洋——都不知此义，所以其对于一种现象的解释，都不能真确。而其所拟的对策，亦多不可行。现在就不然了，人类的知识进步到能阐明社会学，确是人类的福音。中国人之倾心于这种学问，亦固其所。但是社会进化的程序，虽然大致相同。而其小节偏端，以至于现在所达到的地位，则不能划一。所以研究可以借资于人，而硬拉了人家的问题，以为亦是我们的问题，甚至硬钞人家解决的方法，以为亦就是我们解决的方法，则必不免无病而呻，削足适履之病。所以把中国的社会，研究明白，实在是至急之务，而亦是根本之图。

　　世界进化到极点，我相信：人类是只有相亲相爱，相扶相助，而没有互相争斗残杀的——人类有余的势力，要求消耗，都用之于对自然的抗争了。然而未至其时，则欲求自存，亦必须有相当的强力。古来许多夭殇的社会，其组织，岂必其皆不良？然而其结果，反被野蛮之族所征服，即由武力太缺之故。我国古代，从文化上说，主要的有炎、黄两族。炎族组织较优良，黄族武力较强盛。其后，炎族遂为黄族所征服。说具篇中，兹不更赘。天幸！黄族征服炎族之后，没有把它优良的组织，尽行破坏，而且还为相当的保存，甚且能够发扬光大。我国遂为一文化优越之民族，以迄于今。在现在世界上，中国文化，确实是有相当的价值的，然亦靠黄族的武力，东征西讨，使中国成为大国，乃能保存此优越之文化。否则古代与我同时并存之民族，安知其文化没有足与我大同时代媲美的呢？然则世界未进于大同，文事武备，确乎两者不可缺一。我们今日，遐稽古史，也不必赞美炎族的文明，而痛恨黄族的凭陵了。

　　但是武力的超越，亦要靠文化维持。"大同"二字，就字面讲来，就是全体利害相同，更无冲突的意思。我们现在，为什么不竞于人？是武力的不逮么？我们的陆军，并不少于日本。海空军及其余一切战备，固然自愧不如，但在战略上，亦并非无补救之法。却为什么不能抵抗？这是内部的问题呢？还是外部的问题？"一二八"之役，以及今日华北战区，为什么会有所谓内奸？内奸的利害，是和国家民族的利害相同的呢？还是相反的？为什么我们社会里，会有和全体利害相反的人？固然，内奸是各国都有的。然而号称强盛之国，是不是其内奸较少，而亦不能发挥其力量？而号称衰乱之国则反之？吴三桂、洪承畴，是不是此等内奸的扩大？然则要争民族、国家的自存，虽不必侈语大同，而其所谓同者，是否应保持一最小的限度,而今日所谓强盛之国,苟其内部的不同,愈扩愈大,是否有不能保持现状的危险呢? 这真是可以深思的问题了。

　　民国二十三年九月二十六日,武进吕思勉自序。

第一章 发 端

今日的世界,到底是什么世界? 机关枪、大炮、坦克车、毒气,日造杀人之器,日以杀人为乐,恬不为怪。虽说是施诸异族异国,实未尝不施诸同族同国。大之如内战,小之如军警之于盗贼,盗贼之于人民。这是有形的。其无形的:则想藉劳力以自活的人多,而位置少,一人得业,即必有一人失业。想藉工商等业以牟利的人多,而购买力薄,一家得利,必有他家失利。如其都能得利,则消费者受其剥削。这都无异紾人之臂而夺之食。总而言之,人类奉生之具,出于天然。而天然之物,非劳力不能得。所以为人类计:本应协力以对物,不该因物而相争。因为因物而相争,即对物之力薄了。然而人类之生存,有一部分,实建筑于剥削他人之上。此事究极言之,实无异于人相食。在人相食的世界中,自然是强者为刀俎,弱者为鱼肉。然而物极必反。所谓强者弱者,只是根据某种条件而分。假使据以竞争的条件变了,则强弱可以易位。这便是所谓反乱。我们知道,向来的历史,是每隔数十年或数百年,便要有一次反乱的。乱非少数人所能为,如其大多数人,都不要乱,少数人决无法强他。所以历代的反乱,都以大多数人不能安其生为真原因。合前后而观之,即是人因求食而竞争,因竞争而相食,失败之徒，迫得另取一法以自卫。万事根于人心，人心而思乱，决无法可使之治的。人，似乎是最难测的东西，然而人人而观之，则系如此。若合大多数人而观之，则其程度略有一定。从来随时随地，不患无才，只患无用兵之将。不患无可用之兵，只患纲纪废弛，风气颓败。无所谓某国某族之民，简直不足与有为，即由于此。此其故，由于上智下愚，在各社会中，皆居少数。其大多数，都是中材。凡中材，恒视其环境为转移。苏子瞻说："有人人之勇怯，有三军之勇怯。人人而较之，则勇怯之相去，若挺与楹。至于三军之勇怯，则一也。出于反复之间，而差于毫厘之际，故其权在将与君。人固有暴猛兽而不操兵，出入于白刃之中而色不变者。有见虺蜴而却走，闻钟鼓之声而战栗者。是勇怯之不齐，至于如此。然间阎之小民，争斗戏笑，卒然之间，而或至于杀人。当其发也，其心翻然，其色勃然，若不可以已者。虽天下之勇夫，无以过之。及其退而思其身，顾其妻子，未始不恻然悔也。此非必勇者也，气之所乘，则夺其性而忘其故。故古之善用兵者，用其翻然勃然于未悔之间。而其不善者，沮其翻然勃然之心，而开其自悔之意，则是不战而先自败也。"亦于此理见及其一端。前此致乱的原因，如其不去，其结果是决不能免的。社会的弱肉强食，固然已历数千年，然而向来的范围，未尝如此其广；其郁结，亦未尝如此其甚。我们知道：三代以上之所谓内乱，不过如郑国的萑苻之盗，匿居山泽之中，偶或杀人越货而已。大之如盗跖、庄蹻，就不免饰说而非事实。然而秦一天下之后，便尔揭竿斩木，遍于山东；苍头异军，蔓及百越；新安降卒，并命大坑；咸阳宫室，付之一炬；其波澜之壮阔，断非战国以前之人，所能想象了。然则交通的范围愈广，祸乱的规模亦愈大，势有必至，理有固然。鉴观往古，悬念将来，真可为不寒而栗。人类的将来如何？这真是厝火积薪之下，而寝其上，火未及燃，因谓之安。人将如何脱离这修罗的世界，而进入天国呢？

第二章　论所谓大同者究系实有其事抑理想之谈

"金丹换凡骨,诞幻苦无实"。耶教的天堂,佛教的净土,不是我们所敢希望的。我们所希望的,只是孔子所说的:"老有所终,壮有所用,幼有所长,鳏寡孤独废疾者,皆有所养。"更简而言之,便是"养生送死无憾"六个字。

这究是实有的世界呢,还是孔子的希望? 假如是实有的,则人类所失去的故物,自可以人力恢复之。历史上的已事,业经证明我们有建造黄金世界的能力,可使我们的胆气一壮。如其仅系理想,理想原非必不可实现,然而其可能性,就较薄弱了。

说大同是实有的世界,照现在的情形看起来,似乎万无此理。然而,(一)古人论世运的升降,把皇帝王霸,分作数等的甚多。儒家此等语,固人所习见,即各家亦多有之。今举一二为例。如《管子·乘马》云:"无为者帝,为而无以为者王,为而不贵者霸。"又《兵法》云:"明一者皇,察道者帝,通德者王,谋得兵胜者霸。"又《史记·商君列传》,载商君见秦孝公之事曰:"因孝公宠臣景监以求见,既见,语事良久,孝公时时睡,弗听。罢,而孝公怒景监曰:'子之客,妄人耳。安足用邪?'景监以让卫鞅,卫鞅曰:'吾说公以帝道,其志不开悟矣。'后五日,复求见鞅。鞅复见。孝公益愈。然而未中旨。罢,而孝公复让景监。景监亦让鞅。鞅曰:'吾说公以王道,而未入也。'请复见鞅。鞅复见孝公。孝公善之,而未用也。罢而去,孝公谓景监曰:'汝客善,可与语矣。'鞅曰:'吾说公以霸道,其意欲用之矣。诚复见我,我知之矣。'卫鞅复见孝公。孝公与语,不自知膝之前于席也。语数日不厌。景监曰:'子何以中吾君?吾君之欢甚也?'鞅曰:'吾说君以帝王之道,比三代,而君曰"久远,吾不能待。"且贤君者,各及其身,显名天下,安能邑邑,待数十百年,以成帝王乎?故吾以强国之术说君,君大说之耳。然亦难以比德于殷周矣。'"此等盖传其事者的饰说,非必事实。然分治法为数等,则确有此理。盖将社会彻底改革,其功大,其效自迟。若但图略加整理,或改革一枝一节,其规模小,其程功自易。这是古今一辙的。譬如今日,欲彻底推行社会主义,其事自较难;追随帝国主义之后,苟图富强,其事自较易也。这固然是理想之谈,不能径认为事实。然而诸子百家,大都认皇古的治化,较后世为隆;大都认隆古之世,曾有一黄金世界。假使全系理想之谈,似不易如此符合。这其间,似当有事实的暗示。(二)古书的记事和寓言,很难分别,这诚然。然非竟无可分别。《礼运》孔子论大同小康一段,按其文体,固明明庄论而非诞辞。孔子说:"大道之行也,与三代之英,丘未之逮也,而有志焉。"郑注说:"志,谓识,古文。"这是把识字解释志字;更申言之,谓所谓志者,即系汉人所谓古文。志即现在口语中的记字;下笔或作记,或作志;古人则作志作识,都系名动词通用。古文则东汉人通称古书之辞。王静庵《汉代古文考》论之颇详。予昔撰《中国文字变迁考》曾驳之。但所驳者,限于西汉的初期,至东汉以后,则确有此语。孔子所谓"三代之英",即指禹、汤、文、武、成王、周公六君子之世。这是历史上明有其人,明有其时代的,不能指为子虚乌有之谈。然则所谓大道之行者,在今日虽文献无征,而在孔子当日,则必薄有所据;所以与三代之英,同称其有志。此"志"字,必不能释为"志之所之"之"志"。因志之所之,只可有一,不容有二。若释为"志之所之"之"志",则孔子既志于大道之行,又志于三代之英,于理为不可通矣。《庄子》"《春秋》经世,先王之志"的"志",与此相同。

准此看来,所谓大同者,实当确有其世。但(一)这究在何世?(二)以何因缘,而能有此黄金世界?(三)又以何因缘,而不能保守?(四)而在现在,又究竟能否恢复呢?这都是我们急于要问的。诸君且慢,听我道来。

第三章 论人类仁暴之原

邃古的情形,到底是怎样?古书所载,有说得文明的,亦有说得极野蛮的。

其说得极文明的,如《礼运》所载孔子论大同之言,业已人人耳熟能详,无待再举。又如老子说:"郅治之极,邻国相望,鸡犬之声相闻,民各甘其食,美其服,安其俗,乐其业,至老死不相往来。"此数语见《史记·货殖列传》,其见于《老子》书者,辞小异而意略同。老死不相往来,用现在人的眼光看起来,固然不是美事。然而甘其食,美其服,安其俗,乐其业,却是不易得的。这颇可与孔子论大同之语,互相发明了。而如《淮南子·本经训》说:"古者机械诈伪,莫藏于心。"而以"分山川溪谷,使有壤界;计人多少众寡,使有分数;筑城掘池,设机械险阻以为备;饰职事,制服等,异贵贱,差贤不肖,经诽誉,行赏罚",为后世之事。尤与孔、老之言,若合符节。总而言之:分界限而别人我,异善恶而定是非,因之以行赏罚,都不是至治之事。孔、老皆不认为真善。老子所以贵道德而贱仁义者以此。观孔子论大同之言,则孔、老宗旨,并不相背;不过孔子所论,以小康之治为多,而大同不过偶一及之罢了。古人学说传者,皆阙佚已甚。或孔子对于大同,多有论列,而所传者仅此,亦未可知。

其说得极野蛮的，则如《管子·君臣下》篇说："古者未有君臣上下之别，夫妇妃匹之合；兽处群居，以力相征。于是智者诈愚，强者陵弱；老幼孤独，不得其所。"这是说社会内部的情形的。又如《商君书·开塞》篇说："天地设而民生之。当此之时，民知其母而不知其父。其道亲亲而爱私。亲亲则别，爱私则险。民众而以别险为务，则民乱。当此时也，民务胜而力征，务胜则争，力征则讼。讼而无正，则莫遂其性也。"性同生。这是说各社会相互的情形的，与孔老之说正相反。

二说果孰是？我说：皆是也，皆有所据。

原来人是从动物进化来的，而亦是进化的动物。惟其是从动物进化来的，所以好生恶死，有己无人。饮食男女之欲，苟不得遂，即不恤杀人以自利。惟其是进化的动物，所以有深厚的同情心，为他动物所不逮。又其知力发达，凡能使人起冲突的事情，都能把他措置得妥帖，使冲突因之消灭。人在生物进化途中，是走到这一步了。所以今人说："人有神格，亦有兽格。"这实在就是古人所说："人之所以异于禽兽者几希。"所以人之性，是仁暴并存的。既有爱人之心，亦有利己之念。而普通的人，爱人的心，恒不敌其利己之念。苟非先有以自遂，即不免贼人以自利。事实证明，不论哪一个社会，上知下愚，总居少数；其大多数，总是中人。所以人类的仁暴，恒视乎其所处之境。

然则人所处之境，又是如何呢？

人之资生，不能无藉乎物。衣食住行，都是如此。而四者之中，食为尤急。所以人类处境之丰啬，可以其取得食物的方法定之。取得食物的方法有两种：一是取天然之物以自养，一是育天然之物以自养。取天然之物以自养，是为搜集及渔猎。育天然之物以自养，是为畜牧及农耕。

搜集这一个时期，昔人不大注意，其实与初民的生活，关系极大。缘渔猎亦必有相当的械器，初民则并此而无之。搜集则采取植物，或捕捉小动物，又或拾取大动物的尸体。总而言之，是较渔猎更为易于取得之物。《周官》大宰九职，八曰臣妾，聚敛疏材。其所做的，即是搜集时代之事。《礼记·月令》：仲冬之月，"山林薮泽，有能取蔬食，田猎禽兽者，野虞教道之"。这是搜集与渔猎并行。《管子·八观》说"万家以下，则就山泽"，可见其养人之众。春秋战国时代，尚且如此，古代就不必论了。

人类所恃以为生之食物，仅能用较渔猎更粗拙之方法取之，则此时代之人，其饥窭可想。然即进而至于渔猎时代，其人亦未尝不饥窭。因为此时代之人，多恃动物以自养，而动物之生殖力有限。即使不虞阙乏，亦为时节所限。如大雪封山，即不能猎；川泽冻结，即不能渔。所以此时代之人，仍以饥窭为苦。后世饥荒的情形，在其时，盖为恒有之事。渔猎时代的人，所操的本是杀伐之业，而又为饥饿所迫，便不免以其对物之杀伐，移而对人。管、商诸子所说古代野蛮的情形，大抵即在此时。

渔猎进而为畜牧，而人类生活的情形一变。此时养命之原，本已不全靠天然，而多少可参以人力。然而所需牧地，面积甚广，而又时患水草的缺乏。而这种人的生活，本是便于移动的，且这种人大抵兼事射猎，渔猎时代杀伐的技能，既未忘却；杀伐的性质，亦未消除。所以在历史上，游牧民族往往成为侵略者。游牧民族杀伐之性质与技能，本沿自渔猎时代。特渔猎时代因食物阙乏，不能合大群；又其所居，率在山泽之地，非如游牧民族之处于平原，故其为患，不若游牧民族之烈。在我国历史上，海藏高原的羌人，不如蒙古高原的匈奴、突厥等可畏，即由于此。又游牧民族，有时不能敌耕稼工商之国者，以其文明程度太低，供战斗用之械器太劣；部勒编制之法，又非所知也。若其渐次进化，而达于一定的程度,则文明国民,往往转非其敌。此事证据甚多,特在此不暇遍举耳。世每讥我国屡遭北族之蹂躏为不武,其实罗马之困于日耳曼,印度之困于伊兰高原诸民族,与我之见陵辽、金、元、清,又何以异?今日白种人势力之盛,似乎野蛮民族决无翻身之理。然亦其进化之时间,尚未许此诸种人,达到可与欧美人争衡的程度耳。然迟早总有达到的一日。到这时候,现在所谓文明民族,将处于怎样的地位,真正可为寒心。所以人类若不从速回头,专借武力财力,以相陵暴,必有今日所不能想象的大祸在其后。现今得意洋洋的人,届时受祸必酷。这并非我好为咒诅。我若专做一篇文字,举史实以证明此理,正见其理极平常,丝毫不足为怪也。这才是老子所说的:"天网恢恢,疏而不失。"

从游牧再进到耕农,则人类的生活,益形宽裕;而其性质,亦因之大变。这实缘其所操事业之平和,而其生活程度,亦远高于旧时之故。孔、老所想望的境界,大抵即在此时。

人类生活的情形,及其性质的转变,略说如上。以下再举史实以明之。

第四章　论古代进化的大略和大同小康的递嬗

　　从来讲社会学的，多说社会经济的进化，是从渔猎到畜牧，畜牧到农耕，其实亦不尽然。社会经济的进化，盖亦视乎其地。就欧洲的已事看来，大抵草原之地，渔猎之民，多进为畜牧；山林川泽之地，则进为农耕。中国古代，似亦如此。

　　中国古代，进化之迹，稍有可征的，当推巢燧羲农。巢燧事迹，见于《韩非子》的《五蠹》篇。《五蠹》篇说："上古之世，人民少而禽兽众，人民不胜禽兽虫蛇。有圣人作，构木为巢，以避群害，而民说之，使王天下，号曰有巢氏。民食果蓏蚌蛤，腥臊恶臭，而伤害腹胃，民多疾病。有圣人作，钻燧取火，以化腥臊，而民说之，使王天下，号曰燧人氏。"其为渔猎时代的君长，显而易见。伏羲氏亦作庖羲氏。后人望文义，遂生出"驯伏牺牲"、取牺牲以充庖厨诸曲说，释为游牧时代的君长。其实伏羲乃"下伏而化之"之义，明见《尚书大传》。巢燧羲农之称，皆后人据其所做的事业而名之，并非其人当时的称号。伏羲之画八卦，古人盖视为一大事。所以《易·系辞传》说："古者庖牺氏之王天下也：仰则观象于天，俯则观法于地。观鸟兽之文，与地之宜。近取诸身，远取诸物。于是始作八卦，以通神明之德，以类万物之情。作结绳而为网罟,以佃以渔。"说作八卦之事甚详,佃渔之事较略。盖古代政教合一,画卦之事,为宗教上一大发明;即在政治上有大影响。所以以"下伏而化之"之义,为之立名。这是就宗教政治上的事业言之,与有巢、燧人、神农,就其利物前民的事业以立名者不同。至其事迹,则《易·系辞传》明言其"作结绳而为网罟,以佃以渔"。《尸子》亦说:"燧人氏之世,天下多水,故教民以渔。伏羲之世,天下多兽,故教民以猎。"其为渔猎时代的君长,更信而有征。谓为游牧社会的首领,却除附会字面、妄生曲解外,更无证据。

伏羲氏殁,神农氏作。"神农"二字,确为农业的意义。神字有变化之义。又《说文》:"神,天神,引出万物者也。"农业必待种子的变化发生而后成,所以称为神农。《礼记·月令》:夏季三月,"毋发令,以妨神农之事。水潦盛昌,神农将持功,举大事,则有天殃"。此"神农"二字,即农业之义。与"伏羲"二字,必待曲解,乃成为畜牧的意义者不同。神农又号烈山氏。烈山,即《孟子》"益烈山泽而焚之"的烈山,乃今社会学家所谓"伐栽农业"。后人谓因起于随县北之厉山,故以为氏,则因厉、烈同音而附会耳。其实春秋时鲁有大庭氏之库,实为神农遗迹。神农的都邑,固明明在山东而不在湖北也。

还有一个证据,足以证明我国古代的农业,是从渔猎时代进化来的。我国最古的建筑物,名为明堂。是古代政治之枢,亦是古代神教之府,为一切政令教化之所自出。读惠定宇《明堂大道录》可见。阮芸台说得好,明堂是最古的建筑物。其时文明程度尚低,全国之中,只有这一所房屋。天子就住在里头,所以就是宫殿。祭祖宗于此,所以就是宗庙。古代的学校,本来是宗教之府,所以明堂就是辟雍。其时并无诸多官府,所以一切政令,都自明堂中出。后世文明程度高了,一切事都从明堂中分出。于是明堂仅成为一个空空洞洞的东西。久之且不知其作何用,而有欲毁之者,如齐宣王告孟子"人皆谓我毁明堂"是也。至此时而返观古代的明堂,乃于政治教化,无所不包,就觉其神秘不可思议了。然而其在上古,自为极重要的机关。明堂亦称辟雍。辟即璧，乃肉好若一的圆形的玉。圆形的玉所以称为璧，则因辟的一音，本有周圜的意义。人若兜一个圆形的圈子，即称还辟。《曲礼下》："大夫士见于国君，君若劳之，则还辟再拜稽首；君若迎拜，则还辟不敢答拜。"雍、壅同字，是积高之意。雍州之名，即因其积高而得。明堂的建筑，汉武帝时，公玉带上其图。"水环宫垣。为复道，上有楼，从西南入，名曰昆仑"。见《史记·封禅书》。这明是岛居的遗象。盖古人对于猛兽等，无防御之力，所以藉水为屏障以自卫。后来虽能居于平地，仍不忘其遗制。不但明堂，筑城必凿池，亦是从此蜕化而来的。古无岛字，洲字即岛字。洲、岛同音。《禹贡》"岛夷皮服"，"岛夷卉服"，岛皆当作鸟，谓鸟语也。伪《孔传》读鸟为岛，则其行文亦作鸟，今本径改为岛，非是。洲、州之为一字，尤显而易见。然则"人所聚"和"水中可居之地"，同用一语，可谓岛居的确证。明堂行政，精义何在？一言蔽之，在于顺时行令。行令何以必顺时，则全因重视农业之故。因为非时兴作，最足以妨农功；而古人有许多辅助农业的政令，若其当行而不行，亦于农业有害也。《论语》：颜渊问为邦。孔子告以"行夏之时，乘殷之辂，服周之冕，乐则《韶》舞"。这四句话，似乎很为迂阔。其实行夏之时四字，已包括一篇《月令》。一年之中当行何事，当于何时行之，以及何时不可行何事，悉具其中。举而措之，一国大政，业已纲举目张矣。并非徒争以建寅之月为岁首也。至于乘殷之辂，乃为尚质之事举其例；服周之冕，则为尚文之事引其端。乐则《韶》舞，乃功成治定后事。故此四语，包蕴甚富。然则渔猎时代，政治之枢，神教之府，至农业时代，仍然不失其尊严。古代农业，系从渔猎时代进化而来，也大略可见了。

古有所谓三皇五帝者，虽然异说纷如，要以《尚书大传》燧人、伏羲、神农为三皇，《史记·五帝本纪》黄帝、颛顼、帝喾、尧、舜为五帝之说，为较可信。三皇异说有四：（一）司马贞《补三皇本纪》引《河图》

及《三五历》：谓天地初立，有天皇氏，兄弟十二人，各一万八千岁。地皇十一人，亦各万八千岁。人皇兄弟九人，分长九州岛。凡一百五十世，合四万五千六百年。纬候荒怪之说，不甚可信。(二)《白虎通》正说同《尚书大传》，或说以伏羲、神农、祝融为三皇。(三)《礼记·曲礼》《正义》说：郑玄注，《中候敕省图》引《运斗枢》，以伏羲、女娲、神农为三皇。(四)《史记·秦始皇本纪》：丞相绾与博士议帝号，说："古有天皇，有地皇，有泰皇，泰皇最贵。"案伏生系泰博士之一。《尚书大传》："燧人以火纪，火太阳，故托燧皇于天。伏羲以人事纪，故托羲皇于人。神农悉地力，故托农皇于地。"则第四说与《大传》同。《补三皇本纪》说"诸侯有共工氏，与祝融战。不胜，而怒，乃头触不周山，天柱折，地维缺。女娲氏乃炼五色石以补天"云云。前称祝融，后称女娲，则祝融、女娲系一人。《白虎通》或说，与《运斗枢》同。燧人风姓，女娲亦风姓，总之与伏羲系同一族的酋长也。五帝异说，只有郑玄注《中候敕省图》引《运斗枢》，加入一少昊，谓"实六人而称五者，以其俱合五帝座星"也。案《后汉书·贾逵传》："逵奏《左氏》之义，长于二传者，说：五经家皆言颛顼代黄帝，而尧不得为火德。《左氏》以为少昊代黄帝，即图谶所谓帝宣也。如令尧不得为火，则汉不得为赤。"盖秦汉之世，有五德终始之说。一说从所不胜。水胜火，土胜水，木胜土，金胜木，火胜金。秦人以周为火德，故自以为水德。汉初亦主此说，故自以为土德。后来改主相生之说。木生火，火生土，土生金，金生水，水生木。汉人自谓尧后，故必以尧为火德。舜土，禹金，殷水，周木。秦为闰位，不列于行序。至汉则复为火德矣。自尧以上追溯之，黄帝的黄，系中央土色，故黄帝为土德，不能改动。黄帝之后，颛顼为金德，帝喾为水德，则尧当为木德。今加入一少昊，称为金天氏，以当金德，则颛顼为水德，帝喾为木德，而尧恰为火德矣。此系古文《左氏》家，与今文《公羊》家及先立学之古文《穀梁》家争立学的手段，不足为据。所以《尚书大传》三皇之说、《史记·五帝本纪》五帝之说，最为可信。《五帝本纪》之说，与《大戴礼记》同，亦今文经说也。前于三皇者，大抵荒渺难稽。三皇以后，则渐有氏姓世系可考。燧人氏，郑注《通卦验》说是风姓。伏羲氏亦风姓，其后有任、宿、须句、颛臾等国，见于《左氏·僖公二十一年》。神农氏为姜姓，和黄帝以后的世系，则众所共知，不烦征引。知道古帝王的氏姓世系，固然不能算在古史上得有多大的知识，然而氏姓世系，乃《周官》小史之职，有此，即知其人为历史上之人物，而非神话中之人物。古史虽然简略，于兴亡篡弑等大事，不能置之不提。如后羿篡夏之事，《史记》虽不载其详，然亦言太康失国，昆弟五人，须于洛汭。《史记·夏殷本纪》，大略只载世系，便是根据小史所记帝系、世本一类之书的。假使燧人、伏羲、神农递嬗之间，亦有如阪泉、涿鹿争战之事，古史中不应无形迹可求。而今竟绝无形迹，这可推想，自燧人至神农，实在平和之中，由渔猎进化到耕稼了。

至其地域，则有巢氏治石楼山，在琅邪南。见于《遁甲开山图》。人皇氏，即燧人，出旸谷，分九河，见于《春秋命历序》。伏羲都陈。神农亦都陈，徙鲁，见《史记·五帝本纪正义》所引诸说，都在今河南山东。可推想这一群渔猎之民，实根据山东半岛的山地，和鲁西豫东一带川泽之地，后乃进于耕农。

从燧人到神农，虽然保持和平的关系，然而神农氏数传之后，却有一轩然大波，起于河北，是为炎、黄二族的争斗。黄帝，《史记·五帝本纪》，称其"迁徙往来无常处，以师兵为营卫"。即此二语，已可想见其为游牧之族。又称其东征西讨，"东至海；西至空同；南至江；北逐荤粥，合符釜山"。此等远迹，亦非游牧之族不能至。"黄帝邑于涿鹿之阿"。涿鹿，山名。服虔说在涿郡。张晏说在上谷。服说盖是。张说恐因后世地名而附会。涿郡，即今河北的涿县。这一带，正是平坦适于游牧之地。《商君书·画策》篇："神农之世，男耕而食，妇织而衣；刑政不用而治，甲兵不起而王。神农既殁，以强胜弱，以众暴寡。故黄帝作为君臣上下之义，父子兄弟之礼，夫妇妃匹之合。内行刀锯，外用甲兵。"这数语，可为炎帝之族尚平和、黄帝之族好战斗的铁证。推想古时，似乎河南之地,适于农耕;河北之地,宜于畜牧。所以炎、黄两族,因地利之不同,生事遂随之而异。一旦发生冲突,爱好平和的农耕之民,自非乐于战斗的游牧之民之敌;而阪泉、涿鹿之役,炎族遂为黄族所弱了。农耕的共产小社会,内部的组织,最为合理;相互的关系,亦极平和。孔子所谓大同,老子所谓郅治,实在就是指这一种社会言之。自为游牧之民所征服,于是发生阶级。上级之人,剥削下级的人以自养。其善者,不过小康之治。并此而不能维持,就入于乱世了。世运的升降,大略如此。

第五章　论大同之世的情形

　　大同之世，究竟是怎样一个情形？在今日已文献无征，只得从小康时代的情形中，推想其大略了。

　　原来征服之族，虽能征服人而吸其膏血，而自居于寄生者的地位，然而社会的组织，以及其余诸文化，则必因仍被征服之族之旧。因为征服之族，不过要吸取被征服之族之膏血，若把它的社会，彻底破坏，则被征服之族，成为枯腊，而征服之族，也无所施其吸取了。辽、金、元、清所以不敢大破坏汉族的社会组织，即由于此。蒙古灭金后，太宗近臣别迭说："汉人无益于国，不如空其人，以其地为牧地。"又速不台攻汴时，想城破后全行屠戮。耶律楚材力争，说："奇巧之工，厚藏之家，都在于此。"乃已。俱见《元史·耶律楚材传》。我们固不敢说征服者绝无同情心，只是替自己打算。然而这种心理，亦不能说没有的。

　　把一部《世本》看起来，黄帝之世，真是一个黄金时代。远而天文、律历，大而井田、封建，小而舟车、弓矢、医药、衣服，莫不肇始于此时，甚至荒诞的神仙家，亦以黄帝为口实。固然，古代的事，往往把许多无名的英雄抹杀了，而强附诸一有名的人。又或把众人所做的事，硬栽在一个人身上，然亦决没有一时代之中，发明家如此其多之理。因此可知：黄帝时代的文明，必系采取他族，而非其所自为。然则采自何方呢？可不问而知其为被征服的炎族了。"周因于殷礼，所损益可知也"，而世都称周公制礼作乐，更没人追想到殷朝。这和黄帝掠取羲农之族的文化，而独尸创造之名，正是同一情况。

黄帝以后，传颛顼、帝喾二代而至尧舜。颛顼、帝喾无甚实事可见。《大戴礼记》和《史记》小异大同，所以称扬他们的，都只是几句空话。大约这两代，在五帝之中，是比较无关系的。舜之后是禹，便是三王之首了。尧舜时代的政治，大约和夏代差不多。殷因于夏，周因于殷，虽有损益，大体总是相沿的。夏殷似非一民族，夏周或较近，看君位继承之法可知。殷之继承法，与句吴很相像。然是否同一民族是一事，其治法相袭与否，又是一事。因为较野蛮之族，征服较文明之族，多少是要采取其治法的。而当时所谓天子之国者，其文化程度，必较侯国为高。所以民族之同异，与其治法之相沿与否，并无关系。所以三代的治法，必有一部分，是保存羲农以前之旧的。我们正好因此推想大同时代的情形。

然则三代的治法，哪一部分是羲农以前之旧？哪一部分是黄帝以后所改革的呢？我说凡社会组织，表现自由平等的精神的，必系大同时代的旧制。其表现阶级性，和显分人我之界的，必是黄帝以后，逐渐创造，或添设出来的。我们试本此眼光，把三代的制度，作一分析。

谁都知道：古代社会的根柢是农业。大同时代的农业，却是怎样情形呢？我说：很均平的井田制度，必是大同时代的遗制。孔子说大同时代"男有分"，分即是各人所分得的田。使用起来，虽有此分配之法，而田初非其所有，所以有还受之法。又可以换主易居。而每一个人，其为社会服务，亦有一定的年限。《汉书·食货志》："民年二十受田，六十归田。七十以上，上所养也。十岁以下，上所长也。

十一以上，上所强也。"案十一岁未能耕田，古人言语粗略，过十岁即可以云二十，过六十即可云七十。如以今人言语述之，当云："民二十一受田，六十归田。六十一以上，上所养也。二十以下，上所长也。"可参看《礼记·曲礼》"人生十年曰幼"一节《正义》。《公羊》宣公十五年《解诂》："上田一岁一垦，中田二岁一垦，下田三岁一垦。肥饶不得独乐，硗埆不得独苦，故三年一换土易居。"按这是爰田的一法。《汉书·食货志》："上田夫百亩，中田夫二百亩，下田夫三百亩。岁耕种者为不易，上田；休一岁者为一易，中田；休二岁者为再易，下田。三岁更耕之，自爰其处。"这又是爰田的一法。《汉书》之说是本于《周官》遂人的。大约地广人稀之处，可行后法。地狭人稠之处，则行前法。若使征服阶级的士大夫，来定起制度来，怕没有如此宽大了。

田，平地以外的土地，古人总称为山泽。这是作为公有的，不过使用起来，要守一定的规则而已。《王制》："林麓川泽，以时入而不禁。"又："獭祭鱼，然后渔人入泽梁。豺祭兽，然后田猎。鸠化为鹰，然后设罗。草木零落，然后入山林。昆虫未蛰，不以火田。不麛，不卵。不杀胎，不夭夭，不覆巢。"古人所以如此，乃为珍惜物力起见。《孟子》所谓"数罟不入洿池，鱼鳖不可胜食，斧斤以时入山林，材木不可胜用也"。《荀子·王制》亦说："养长时则六畜育，杀生时则草木殖。"《淮南·主术》亦说："草木之发若蒸气，禽兽之归若流泉，飞鸟之归若烟云，有所以致之也。"因其使用本无须乎分也。

工业：简单的器具，人人会自制的，本不成其为专业。较难的器具，则特设专司其事之人，制造以供众用。这是后来工官之制所本。《考工记》说："粤无镈，燕无函，秦无庐，胡无车。粤之无镈也，非无镈也，夫人而能为镈也。燕之无函也，非无函也，夫人而能为函也。秦之无庐也，非无庐也，夫人而能为庐也。胡之无弓车也，夫人而能为弓车也。"注："此四国者，不置是工也。言其丈夫人人皆能作是器，不须国工。"然则非人人所能作之器，其必须国工，更无疑义了。所以《考工记》又说："知者创物，巧者述之，守之世，谓之工。"案波格诺达夫的《经济科学大纲》说:"东印度的农业共产社会,纺织是家内副业,由各家族分别经营。其铁工、木工、陶器工、理发师等,则由共社任命,不从事农业。把公费来维持生活。"据施存统译本。大江书铺出版,第三章第五节。这正是后世的工官,原始共产社会的一个好例。

破坏共产制度最厉害的,要算商人,说见后文。然而此时的商人,则是生产消费者之友而非其敌。因为这时候,本部落之中,无所谓交易,交易是行于部落之外的。自给自足的社会,在平时,必能自给自足,断无求之于外之理。《盐铁论·水旱》篇说:"古者千室之邑,百乘之家,陶冶工商,四民之求,足以相更。故农民不离畎亩而足乎田器,工人不斩伐而足乎陶冶,不耕而足乎粟米。"《管子·权修》说:"市不成肆,家用足也。"都可见古者各个小社会,都能自给自足。如此情形,在平时自然无甚贸易了。其有求于外,必系凶荒札丧之日,或则干戈扰攘之年。当此之时,若无商人以求得必要之物于外,本部落的情形,势必不堪设想。此时的商人,既非以自己的资本,把货物囤积下来,然后出卖,则其损益,都是归之于部落的。在商人,不过代表本部落出去做交易而已,必要的消费品,万一缺乏,固非商人求之于外不可,过剩的生产品,亦非商人运输出外,不能得较大的利益。如此,商人跋涉山川,蒙犯霜露,且负担寇贼劫掠的危险,代表本部落出去做卖买,而自己不与其利,如何不是消费、生产者之友呢?《左氏·昭公十六年》,郑子产对韩宣子说:"昔我先君桓公,与商人皆出自周,庸次比耦,以艾杀此地,斩之蓬蒿藜藋而共处之。"迁国之初,所以要带着一个商人走,就因为新造之邦,必须之品,庸或有所阙乏之故。卫为狄灭,而文公注意通商——闵公二年——亦同此理。

此等小社会,其生活的基础,全靠农业,所以其经济的规划,全以农业的收获为标准,《礼记·王制》说:"冢宰制国用,必于岁之钞。五谷皆入，然后制国用。用地小大，视年之丰耗，以三十年之通制国用，量入以为出。"所谓"三十年之通者"，下文说："三年耕，必有一年之食，九年耕，必有三年之食。以三十年之通，虽有凶旱水溢，民无菜色。"不但通众力而合作，亦且合前后而通筹，自有赢余，以备荒歉，自然用不到从事于掠夺了。宰是征服之族，管理财政之官，实在是被征服之族的榨取者。不论家与国，管理财政的，都谓之宰。所以冉求为季氏宰，而为之聚敛。见《论语·先进》。《孟子·离娄上》篇则谓其"赋粟倍他日"。孔子亦对颜渊说："使尔多财，我为尔宰。"见《史记·孔子世家》。然而其财政计划，有条不紊如此。谓非大同时代，有组织的社会的遗规，其谁信之？《汉书·食货志》："三考黜陟，余三年食，进业曰登。再登曰平，余六年食。三登曰泰平，二十七岁，遗九年食。然后王德流洽，礼乐成焉。故曰：如有王者，必世而后仁。"知古之所谓太平者，不过蓄积有余，人人皆能丰衣足食而已。

既无所谓私产，其分配，自然只论需要，而无所谓报酬。所以不能劳动的人，其分配所得，亦和众人一样。《王制》说："喑、聋、跛躄、断者、侏儒、百工，各以其器食之。"郑注说："使执百工之事。"好像现在对于残废的人，一一为谋职业者然。恐非记者之意？《荀子》的《王制》篇和《礼记》的《王制》篇相出入，而荀子说："五疾上收而养之。"然则"百工各以其器食之"，亦是说百工各以其器，供给他用。食字原有引申的意思，如《左氏》文十八年之"功在食民"是，本不专指饮食。若定要责令他执百工之事，何谓"收而养之"呢？现在的人，看见外国有所谓盲哑学校等等，对于残废的人，亦能为谋职业，便五体投地，不胜佩服，赶快要想学步。我要问：资本主义的国家，一食而罄贫民终岁之粮，一衣而费中人十家之产的何限？是何理由，这几个残废的人，不能养活他，定要迫令执业呢？迷信的人，一定说：盲哑的人，闲得难受，亦要做些事情，消遣消遣。请问：教他们学习执业的动机，是为他们闲着难受，替他谋消遣的么？话是由得你说。然而抚心自问，吾谁欺，欺天乎？《礼记·乐记》上说："强者胁弱，众者暴寡，知者诈愚，勇者苦怯；疾病不养；老幼孤独，不得其所，此大乱之道也。"几个盲哑的人，不能养活，定要迫令执业，我只认为是"疾病不养"而已。

社会的内部如此，就彼此相互之间，也都表示着好意。我们都知道：古代有所谓乞籴，就是一个部落，粮食不足，向他部落讨取之谓。人，最要紧的是活命；活命，最要紧的是饮食。人和人，是最应当互相人偶的。所以没饭吃，向人讨，这是最平常的事。有饭吃，分给人，这是最应当的事。然而现在，却变为最难开口、最为罕见的事。"上山擒虎易，开口告人难"。一饭之恩，至于要相诒以冥报。悦使不习于社会病理的人，骤然见之，真要失声痛哭了。大同时代则不然。齐桓公葵丘之盟，"无遏籴"是其条件之一。《谷梁传》僖公九年，《孟子·告子下》。"晋饥乞籴于秦。秦伯谓百里：与诸乎？对曰：天灾流行，国家代有。救灾恤邻，道也。行道有福"。《左传》僖公十三年。不但口实，襄公三十年，"晋人、齐人、宋人、卫人、郑人、曹人、莒人、邾娄人、滕人、薛人、杞人、小邾娄人会于澶渊，宋灾故。诸侯相聚，而更宋之所丧，曰：死者不可复生尔，财复矣"。《公羊》《谷梁》云："其日人何也？救灾以众，何救焉？更宋之所丧财也。"这同现在的保险，是一样的意思。不论天灾人祸，一人独当之，往往至于不能复振，若其摊在众人身上，原算不得什么。所以现在有保险的办法，一人受损，众人弥缝。在事实上，固能减少受损者的损失，甚而至于不觉得损失，然而在道德上，必须先出了保费，才有人来填补你，还只算自己保自己。这许多，固然是小康时代的事。然而其规制，一定是大同时代遗传下来的。我相信，在大同时代，行起来，还要彻底，还要普遍。

不但危难之中,互相救援而已,即平时,亦恒互相帮助。《孟子》说:"汤居亳,与葛为邻。葛伯放而不祀。汤使人问之曰:何为不祀? 曰:无以供牺牲也。汤使遗之牛羊。葛伯食之,又不以祀。汤又使人问之曰:何为不祀? 曰:无以供粢盛也。汤使亳众,往为之耕。"《滕文公下》。这件事,用后世的眼光看起来,简直是不可解。信他的人,一定说:这是汤的一种手段,利用葛伯杀掉馈饷的童子,然后去征伐他。不信的人,就要说孟子采听谣言,或者编造鬼话了。殊不知造鬼话要造得像。采谣言,亦要这谣言有些像。假使古代社会,本无代耕的习惯,孟子岂得信口开河? 亦岂得无识至此? 可知孟子的时代,虽未必有代耕的事,而古代社会,可以有代耕之事,这一层还是人人能了解的。不然,孟子的话,岂不成为傻话呢? 又使古代的社会,本无代耕的习惯,汤算用的什么手段? 岂不要给旁人大笑? 司马昭之心,路人皆知,岂非弄巧成拙? 而且亳众也何能唯唯听命,不视为怪事呢? 可知代人家做事,吃自己的饭,做人家的事,在古代原不算得什么。"货恶其弃于地也,不必藏于己;力恶其不出于身也,不必为己"。在古代,只因事实上,各部落互相隔绝,所以推广的机会很少。论其时的人的心理,原是无间于彼此的。

　　《墨子》说:"今若有能信效孙诒让《间诂》:"效读为交。"先利天下诸侯者:大国之不义也,则同忧之。大国之攻小国也,则同救之。小国城郭之不全也,必使修之。布粟之绝则委之。币帛不足则共之。"《墨子·非攻下》。这也并不是空话。齐桓公合诸侯而城杞,《左传·僖公十四年》。就是所谓城郭不全使修之。卫为狄灭,立戴公以庐于曹。齐桓公"归公乘马;祭服五称;牛羊豕鸡狗皆三百;与门材。归夫人鱼轩,重锦三十两"。《左传·闵公二年》。就是所谓"布粟之绝则委之,币帛不足则共之"。"大国之不义,则同忧之,大国攻小国,则同救之"。一部《春秋》之中,更是不胜枚举。这些,都该是大同之世,留诒下来的,这就是孔子所谓"讲信修睦"。

　　人类是不能没有分业的。政治也是分业的一种。说太平世界,就能够没有公务;或者把公务拆散了,变做私务,人人自己去办,这是无此情理的。然而世界上,政治往往成为罪恶,政治家往往成为罪恶的人,这是什么原故? 这并非政治是罪恶;亦非一经手政治,便要成为罪恶的人。实缘我们所谓政治者,性质不纯,本含有罪恶的成分在内。怎样叫我们的政治性质不纯呢? 原来我们的政治,含有两种元素:一是公务,一是压迫。惟其常带权力压迫的性质,所以政治会成为罪恶,而政治家亦成为罪恶的人。若其不然,政治只是众人的事务所聚集起来的公务而已,则亦如我们几个人的结社,委托一人为干事。以何因缘,而今成为罪恶? 而这个人,亦何须特别的身份? 何须吃特别的俸禄呢? 许行说:"贤者与民并耕而食,饔飧而治。"《滕文公上》。这并非故为高论,在古代原是如此的。乌桓大人"各自畜牧营产,不相徭役",《后汉书·乌桓传》。便是一个证据。孔子说大同时代,"选贤与能",所选举出来的贤能,其地位,亦不过如此。"神农"两字,是农业的意思,已见前。神农之言,即农家之学。为神农之言,即治农家之学。所以《汉书·艺文志》论农业,说:"鄙者为之,欲使君臣并耕,悖上下之序。"这话明是指许行。许行是治农家之学的人,是无疑义的。许行之言,即农家之言。其所主张,正是大同时代的治法。大同时代的文化,是农业的文化,得此又添一证据。

　　或者疑惑:既要经手公务,又要耕田和做饭,哪得这许多工夫? 殊不知国家扩大了,公务才繁忙,才有一日二日万几之事。小小的一个社会,其治者,不过如今日村长闾长之类,有何繁忙,而至于没有工夫? 况且并耕而食,饔飧而治,原不过这么一句话。其意思,不过说当时的治者,既无权力,亦无权利。并非说一定要耕田,一定要做饭。依我看:耕田是当日普通的职业。治者既没甚繁忙,自用不着废掉耕种。至于做饭,则在当时,怕本没有家家做饭自己吃这一回事罢?

我们知道,后世还有所谓酤。酤是什么?《说文》说:"合钱饮酒也。"饮酒为什么要合钱呢?何不独酌?我们又知道:饮酒全无禁令,只是近数百年来的事,前此是没有荡然无禁的。而愈到古代,则其禁愈严。一个人在家独酌,政治无论如何严酷,都不能户立之监。群饮就容易犯法了。汉世所谓赐酺,就不过许人群饮,并不是真有什么东西,赏给人吃。这个也算作恩典,可见当时的人,对于群饮嗜好之深。最可怪的:《书经·酒诰》上说:"群饮,汝勿佚。尽执拘以归于周,予其杀。"酒禁之严如此,真使人闻之咋舌,如此,何得有群饮的人?这句话还说他做甚?然而既说这句话,就见得当时的风气,实还有群饮的可能。为什么如此敢于冒法呢?我说:这不过习惯之不易改,习惯之不易改,则因古代本是合食惯了的,并非家家自己做饭吃。到后来,私产制度行了,有饭吃,无饭吃,家家不同;吃好的,吃坏的,人人而异;自然只得各做各吃,然而吃酒,古人是不常有的事;而且当作一件寻欢乐的事。"独乐乐,孰若与人?与少乐乐,孰若与众"?所以共食之制度虽废,共饮的习惯犹存。习惯既入之已深,就任何严刑峻法,一时也难于禁绝了。食料的作为公有,也是古人共食的一个左证。《诗经》说:"言私其豵,献豜于公。"《豳风·七月》。这是田猎时代的规则,小者自私,大者公有。小者自私,并不是承认你有自私的权利。只为小者可以独尽;归公以后,再行分配,也还是分给一个人,所以乐得省些手续。至于农业时代,一切粮食,亦仍是作为公有的。所以孟子述晏子的话,说:"今也师行而粮食。"《梁惠王下》。粮即量。量食,就是把全社会的食料,一切作为公有,再行平均分配。在当时,固然成为虐政,此近乎宋人之所谓"括籴"。然而追原其始,正可见得古代一切食料公有的制度。一切食料公有,又安有家家自炊之理呢?我们现在,只家家做饭自己吃,已够表现我们自私的丑态了,而且也不经济。"破屋明斜阳,中有贤妇如孟光。搬柴做饭长日忙,十步九息神沮伤"。林琴南《戒缠足诗》,今断章取义引之。人啊!为什么把宝贵的精力,不经济地花在这琐屑的事上呢?

第六章　从大同到小康

假使地面的情形,和现在大异,人不能藉渔猎游牧以自活,而只能从事于农耕,则人类的历史,必和现在大异。为什么呢? 因为农耕之族,是不乐战争的。即使战争,亦和渔猎游牧之民战争有异。农业社会,不好侵略,止以防他人的侵略为目的,故其用兵,亦以守御为主。所谓"重门击柝,以待暴客"也。见《易·系辞传》。墨子非攻尚守御,此其远源。古有所谓义师,盖亦农业社会战争时共认之法。略见《吕览·怀宠》《淮南·兵略》两篇。不以侵略为目的,用兵本不过如此也。地面上而尽为农耕之族,则其相互之间,战斗的空气,必极淡薄;而其内部,平和的空气,却极浓厚。人的性质,是随环境而变的。处于这种空气之中,则其性质,必和现在的人类大异。如此,彼此相遇时,或者能本于善意,互相谅解,谋一和平结合的方法,亦未可知。即有战争,亦或者能不远而复,而惜乎其不能也。渔猎游牧之族,战争即是其生产的方法。其性质又极活动,在英主指挥之下,易于集合。和农耕民族,性质重滞,安土重迁;平时不甚来往,临时难于结合的,迥不相同。炎、黄两族的成败,其最大的原因,似即在此。炎为黄弱,我们黄金的大同时代,就成过去,而入于小康时代了。然则小康时代的情形,又是怎样的呢?

略读古书的人，都知道古代有所谓宗法。大多数人的意见，都以为此制是起自周朝的，其实不然。此制怕是所谓黄族者所固有，何以见得呢？所谓宗法，是以家族中的一个男子做始祖。其继承之法，特重嫡长。始祖之嫡长子，是大宗之子。其次子以下，别为小宗。以后代代皆然。小宗宗子的嫡长子，亦是世代相继，为小宗之宗子的。小宗五世而迁，就是说小宗宗人，服从小宗宗子管辖的，以在五服之内为限。大宗则百世不迁。凡始祖之后，不论亲疏远近，都该服从他。所以有一大宗宗子，则凡同出一祖的人，都能够团结不散。即以小宗宗子而论，亦能团结五服以内的人。较之一盘散沙者，大不相同。所以此制于竞争极为有利。世所以称为周制者，（一）因此制至周始有可考；（二）则此制特重嫡长，而五帝皆非父子相传，殷又行兄终弟及之制之故。然书传又无可考，不能因以断定其事之有无。因为古代的书，传于后世的，太阙乏了。至于五帝及殷，都非传子，则君位的继承，和家长的继承，本非一事。女真、蒙古，都不是没有父子相传之法的。而金自景祖至于太祖，生女真部族节度使的承袭，都由景祖以命令定之；蒙古汗位的继承，和其家族的继承无关，那更显而易见了。《金史·世纪》："景祖九子：元妃唐括氏生劾者，次世祖，次劾孙，次肃宗，次穆宗。及当异居，景祖曰：劾者柔和，可治家务。劾里钵有器量智识，何事不成？劾孙亦柔善人耳。乃命劾者与世祖同居，劾孙与肃宗同居。景祖卒，世祖继之。世祖卒，肃宗继之。肃宗卒，穆宗继之。穆宗复传世祖之子，至于太祖，竟登大位焉。"案此事与殷人的兄终弟及颇相类。蒙古自成吉思汗以前，有汗号者凡四世。其第一人为海都。海都殁后，汗位空阙。至其曾孙哈不勒，乃复称汗。哈不勒死后，其再从兄俺巴孩继之。为金人所杀。遗言告其子合答安，及哈不勒子忽图剌，为之报仇。蒙古人共议，立忽都剌。见《元秘史》。忽都剌死后，汗位复阙。至成吉思汗强，乃复被举。盖有其人则举之，无其人则阙，与家族继承之法，了无关系。成吉思汗以诸部族推戴而即汗位。太宗、定宗、宪宗亦皆如此。世祖始不待正式的忽力而台。忽力而台者，蒙古语，译言大会。然仍有若干宗王，貌为推戴。即位后，立太子真金，始用汉法。真金早死。成宗之立，仍以宗藩、昆弟、戚畹、官僚合辞推戴为言。武宗亦然。至仁宗即位之诏，乃谓大宝之承，既有成命，非前圣宾天而始征集宗亲，议所宜立者比。旧法至此，始破坏净尽。我国五帝官天下，至夏禹而传子之局始定，疑亦有此等变迁。孟子说舜禹之立，必待朝觐、讼狱之归，亦颇和蒙古人的忽烈而台，有些相像。又案蒙古称幼子为斡赤斤，义为守灶。然太宗时命拔都等西征，诸王驸马、和万户、千户，各以长子从行，谓之长子出征。因为所征的都是强部，长子出征，则兵强而多。于此，可见财产虽归幼子承袭，统率之权，仍归长子。盖年长之子，或早与父母异居，惟幼子则不然，所以在事实上，父母的家庭，自以幼子承袭为便。长子不异居的，则管理之权，全归长子。古人本没有所有权的观念，只有管理之权属于何人的事实耳。但管理之权，既属于其人，在事实上，即与财产为其所有无异，久之，遂变为长子袭产。至于统率之权，以长子承袭为便，则事理明白，更无待多言。总而言之，承袭有种种方面，不能一律也。所以自殷以前，王位不以嫡长子承袭，并不能证明自殷以前，不行宗法。而周代宗法，颇为完整，断非短时间所能发达至此，却是显而易见的。假定周朝当后稷之时，已有宗法的存在。则《帝系》上所称为后稷之父的帝喾，其时代亦不能断定其无宗法；而帝喾不过是黄帝的曾孙，我们就可推想，宗法为黄族的古制了。系世为《周官》小史之职，已见第四章。《大戴礼记》的《帝系姓》，即此类记载之仅存者。子上说："楚国之举，恒在少者。"《左氏》文公元年。楚在江域，或沿三苗之俗，三苗乃姜姓之国。以此推之，似乎炎族并无像周朝一般的宗法。同出一始祖的人，至于年深代远，则其关系甚疏。所以今《戴礼》、欧阳夏侯《尚书》说九族，父之姓，只以五属之内为限。而益以父女昆弟适人者与其子，己女昆弟适人者与其子，己之子适人者与其子。又母族三：母之父姓，母之母姓，母女昆弟适人者与其子。妻族二：妻之父姓，妻之母姓。见《诗·葛藟》

《正义》引《五经异义》。这都是血缘相近,真是《白虎通义》所谓"恩爱相流凑"的。然而没有统率,所以在竞争上,不如宗法之制之适宜。《礼记·文王世子》:"战则守于公祢,孝爱之深也。正室守大庙,尊宗室,而君臣之道着矣。诸父诸兄守贵室,子弟守下室,而让道达矣。"即此数语,便见宗法社会团结的紧密,组织之整齐,于竞争上非常有利。《仪礼·丧服传》:"禽兽知母而不知父,野人曰:父母何算焉?都邑之士,则知尊祢矣,学士大夫,则知尊祖矣。诸侯及其太祖,天子及其始祖之所自出。"天子、诸侯、学士大夫、都邑之士,即所谓国人,都是征服之族。野人则被征服之族。可见其一以团结而获胜,一以散漫而致败。宗法之制,不但聚族而居之日,可藉此紧密其团结,整齐其组织,即至彼此分离之后,亦仍可藉此以相联系。众建亲戚,以为屏藩之制,即由此而生。固然"后属疏远,相攻击如仇雠",然而当其初,不能说没有夹辅之效。"周室东迁,晋、郑是依",即其明证。不然,恐九鼎之亡,不待敕王入秦之日了。众建亲戚,以为屏藩之制,疑亦黄族旧法,不过至周始有可考。黄帝征师诸侯,与蚩尤战,疑所征者即系同姓的诸侯,未必异姓之国,真因炎帝的侵陵而归之也。

宗法是几经进化后的制度,要明白宗法,必先知道宗法的由来,有必要追溯到社会原始的状态。社会原始的状态,是怎样的呢?人类当原始时代,是无组织之可言的。不过男子为一群,女子为一群,幼童为一群,此时的人,因为谋食的艰难,及饥饿时或者至于人相食,能终其天年者很少,所以没有老者之群。各自逐队,从事于搜集而已。进而至于渔猎,则男子专务驰逐,而女子多坐守后方,做些较和平的事业。幼孩则多随其母。于是男女之分业稍显,而母子的情感益亲。然而夫妇之伦,还未立也。此时结婚,大抵专论行辈。此事予昔有一文论之,今节录于此,以资参考。原文曰:社会学家言:浅演之世,无所谓夫妇,男女妃合,惟论行辈,我国古代,似亦如此。《大传》:"同姓从宗合族属,异姓主名治际会,名著而男女有别。其夫属乎父道者,妻皆母道也;其夫属乎子道者,妻皆妇道也。谓弟之妻为妇者,是嫂亦可谓之母乎？名者，人治之大者也，可无慎乎？"曰"男女有别"，曰"人治之大"，而所致谨者不过辈行，可见古无后世所谓夫妇矣。职是故，古人于男女妃合，最致谨于其年。《礼运》曰："合男女，颁爵位，必当年德。"《荀子》曰："妇人莫不愿得以为夫，处女莫不愿得以为士。"见《非相》。老妇士夫，老夫女妻，则《易》譬诸"枯杨生华""枯杨生稊"，言其鲜也。《释亲》："长妇谓稚妇为娣妇，娣妇谓长妇为姒妇"，此兄弟之妻相谓之辞也。又云："女子同出，谓先生为姒，后生为娣。"孙炎曰："同出，谓俱嫁，事一夫者也。"同适一夫之妇，其相谓，乃与昆弟之妻之相谓同，可见古无后世所谓夫妇矣。古之淫于亲属者，曰烝，曰报，皆辈行不合之称。其辈行相合者，则无专名，曰淫，曰通而已。淫者，放滥之辞，好色而过其节，虽于妻妾亦曰淫，不必他人之妻妾也。通者？《曲礼》曰："嫂叔不通问。"又曰："内言不出于阃，外言不入于阃。"内言而出焉，外言而入焉，则所谓通也。《内则》曰："礼始于谨夫妇，为宫室，辨内外，深宫固门，阍寺守之，男不入，女不出。"自为宫室、辨内外以来，乃有所谓通，前此无有也。《匈奴列传》曰："父死妻其后母，兄弟死，皆取其妻妻之。"父死妻其后母，不知中国古俗亦然否；兄弟死，皆取其妻妻之，则亦必如是矣。象以舜为已死，而曰：二嫂使治朕栖是也。父子聚麀，《礼记》所戒；新台有泚，诗人刺焉。至卫君之弟，欲与室夫人同庖，则齐兄弟皆欲与之，《柏舟》之诗是也。然则上淫下淫，古人所深疾，旁淫则不如是之甚。所以者何？一当其年，一不当其年也。夫妇之制既立，而其刺旁淫，犹不如上下淫之甚，则古无后世所谓夫妇，男女妃合，但论行辈之征也。今贵州仲家苗，女有淫者，父母伯叔皆不问，惟昆弟见之，非殴则杀，故仲家苗最畏其昆弟云，亦婚姻但论行辈之遗俗也。古语说得好，饱暖思淫欲。这是人和动物一样的。野禽多一雄一雌，如雁是。家禽或一雄多雌，如鸡是。而人的我执，比动物更强。尤其是男性，占有的冲动，特别强烈。饱暖之余，遂思占女性为己有。而女性，也有卖弄手段，坐观男子争斗的恶习。一群之中，争风吃醋之事，遂时时发生，弄得秩序都要维持不住了。于是在同一团体之中，男女不许发生关系的戒条，遂渐为众所共认，而成为同姓不婚之俗。古人说："男女同姓,其生不蕃。"又说:"美先尽矣,则相生疾。"都不是同姓不婚的真原因,因其在生物学及病理学上,并无证据。同姓不婚的真原因,当是由于一姓之中,争风吃醋,《晋语》所谓"黩则生怨"也。《郊特牲》说:"取于异姓,所以附远厚别也。"厚别则可免于黩,而藉此又可结他部落为外援,则所谓厚别也。至此,则想觅配偶的人,不得不求之于外,而掠夺卖买的婚姻以起。掠得来,买得来的,自然是属于个人,而他人自亦不敢轻于侵犯,而夫妇之伦以立。当渔猎时代,大都是聚族而居。夫妇之制,或者尚不能十分严格。楚人有同姓结婚之俗,所谓楚王妻妹也。所以据《左氏》所载,楚国有江芊。文公元年,楚是江域之国,或染三苗之俗,说已见前。然则羲农之族,同姓不婚,或者亦不如黄族的严格。至于游牧时代,则人须逐水草而生。向来聚族而居的,至此都不得不分散。此时女子必随男子而行。个别夫妇的制度,至此就更形确定了。夫妇之制度既立,则父子之关系亦明。

　　当夫妇之制未立时,生子自然是从其母而得姓。即至夫妇之制既立,而女权尚未甚坠落时,子女亦还是从其母之姓的。但是到后来,女权日益坠落,男权日益伸张,妻与子,变为夫与父之附属物。当此之时,自无更表明其母子之间的关系的必要,只须表明其父为何人就得了。女系的姓,是纯为表明血统的。男系的姓则不然。因为人有财产,多欲传之于子;而子之身份如何,亦与其父大有关系。酋长之子所以仍为酋长者,以其为酋长之子也。奴隶之子,所以仍为奴隶者,以其为奴隶之子也。然则欲知财产之谁属;和某一人的身份如何,都有知道其男系的必要。所以男系之姓,是因表示"权力、财产的系统"而设的。于是女系遂易为男系。

　　古代的所谓姓,其初没一个不是从女系来的,而后皆易为男系。这一个变换之间,正表示着一种男女权递嬗的遗迹。因为一个姓,就是一个氏族的记号。氏族的记号,而用女子的系统,即使女权不十分伸张,亦总留有一点以女子为主体的意思。到改用男子的系统,就大不然了。

夫妇父子之伦既立,而所谓家的团结以生。什么叫作家呢?我国古书上明示其范围:是"一夫上父母,下妻子,自五口以至于八口"。这是一个天然的界限。因为"不独亲其亲,不独子其子"的风气,已成过去了,则老者非其子莫之养,幼者非其父母莫之长;而人不能没有配偶,这是不消说的。所以这一个天然的界限,在各亲其亲,各子其子的时代,不容易扩大,而亦不能缩小。但是此所谓家者,其中实在只有一个强壮适宜于斗争的人。要是和异族斗争,其力量实在嫌小。所以要有一个以男子为中心的宗法的联结。

此等组织的转变,我们说是男权的伸张,女权的坠落,而在游牧社会为尤甚。男女的关系,就是在农业共产社会,也不是绝对平等的。孔子说大同时代,"男有分,女有归",这便分明是以男子为主体;在女子,不过人人得一个可依附的男子罢了。所以然者,因为生产之事,虽和争斗不同,而亦不能完全不要强力。本来生产也是对自然,甚而至于是对动物的一种争斗。争斗,自然以男子之力为较强。渔猎时代不必论。即畜牧时代,动物亦并不是十分易于驯伏的。农业虽说是女子所发明,男子之贽,卿羔,大夫雁,而妇女之贽为枣栗,见《礼记·曲礼下》篇。宗庙之事,君亲割,夫人亲舂,见《穀梁·文公十三年》,《周官疏》:"其奴,男子入于罪隶,女子入于舂藁。"《天官内宰》:上春,诏王后帅六宫之人,而生穜稑之种。这都是农业为女子之事的遗迹。又《礼记·昏义》:"古者妇人先嫁三月,祖庙未毁,教于公宫;祖庙既毁,教于宗室。宗室教成,祭之,牲用鱼,芼之以苹藻。"《毛传》说《诗经·采苹》这一首诗,就是这教成之祭。又说:公侯夫人,执蘩菜以助祭;王后则执苹菜。又《左氏》哀公七年,陈乞对诸大夫说:"常之母有鱼菽之祭。"妇女的祭品,是鱼和植物。推想渔猎农耕递嬗的社会,或者猎是男子之事,渔和农业,是女子之事。然到所谓伐栽农业时代，则所需要的强力亦颇多，亦就渐渐的移于男子手中了。生产既以男子为主，自然权力亦以男子为大。所以即在农业共产社会中，男女亦非绝对平等的。然而其关系，总比在游牧社会里好得多。某社会学者说："中国婚姻之礼，是农业社会的习惯。欧人婚姻之礼，则系游牧社会的习惯。农耕之民，大家安土重迁，住处固定。男女两人的性情面貌，是彼此互相知道的。即其家族中人，亦彼此互相知道。觉得年貌等等相当，便挽人出来做个媒妁说合。这全是农村中的风习。欧人则男女接吻，便是从动物之互相嗅学得来的。新婚旅行，其为妻由劫掠而来，怕其母族中人再来抢还，所以急急逃避，更其显而易见了。若非游牧民族，何能如此轻易？"我们须知：男女之数，是大略相等的。苟非略自异方；或者一社会之中，显分等级，可以多妻者多妻，无妻者无妻，则一夫多妻之制，势必不容发生。《盐铁论·散不足》篇说："古者夫妇之好，一男一女，而成家室之道。及后世，士一妾，大夫二，诸侯有侄娣，九女而已。"可见蓄妾系后起之事。在隆古，曾有一个严格的一夫一妻时代。这时代是什么时代呢？古书说我国嫁娶之礼，始于伏羲。伏羲制以俪皮为嫁娶之礼，见《世本·作篇》，谯周亦云然。见《礼记·昏义疏》。而六礼之中多用雁。雁是动物之中，守一雌一雄之制最谨严的。可见羲、农之族，没有一夫多妻之俗。《盐铁论》所谓"一男一女而成家室之好"者，当在此时。至于黄帝之族，则本来是多妻的。所以尧以天子之尊，而降妫嫔虞，仍守以侄娣从之法。尧以二女妻舜，其一即娣。叙述重于尧之以女妻舜，所以未及其侄。此外黄帝二十五子，而其得姓者十有四人；《史记·五帝本纪》。帝喾四妃。见《礼记·檀弓》"舜葬于苍梧之野，盖三妃未之从也"郑《注》。文王则百斯男，无不以多妻多子为夸耀。《盐铁论》所谓后世，定是黄族征服炎族之后了。我们又须知，母爱在天演界中，是起源很早，而其根柢亦很深的。至于父之爱子，则其缘起较晚，所以其为爱，亦不如母爱之深。假使人类有多夫而无多妻，一母所生之子，总是自己怀胎十月，坐草三朝生出来的，则对于夫的感情，虽分浓淡，对于子之爱护，必无大差殊。断不至如多妻之夫，有杀害其子之事。以母杀子之事，亦非无之，但系受压迫而然，非其本性。又舆论对母之杀子，似较对父之杀子，责备为严。如《杀子报》等戏剧，即表现此等思想。此正见其压迫女子之甚耳。"高宗，殷之贤王也"，《礼记·丧服》文。而杀孝己。古公亶父亦是后世所颂为圣王的，而泰伯、仲雍，连袂而逃之荆蛮。晋献公、汉成帝等昏暴之主，更不必说了。匡章，他的母亲，给他父亲杀而埋诸马栈之下，后来以君命，仅得改葬，而犹自以为"死其父"，"出妻屏子，终身不养"，然而通国的人，还是说他不孝。见全祖望《经史问答》。从父权夫权发达以来，天下古今，不知道有多少惨事。真是佛书说的，生生世世，哭的眼泪，比江海还多。这便是"不独亲其亲，不独子其子"的制度破坏了，然后有的，这便是大同降入小康第一重罪恶。

土地不是该私有之物，理极易明。而土地不是能私有之物，亦事极易见。因为别的东西，可以搬回去，藏在屋里，土地是无从的。所以《春秋》说："器从名，地从主人。"《公羊注疏·桓公二年》，"夏，四月，取部大鼎于宋。此取之宋，其谓之部鼎何？器从名，《解诂》：从本主名名之。地从主人。《解诂》，从后所属主人。器何以从名？地何以从主人？器之与人，非有即尔。《解诂》：即，就也。凡人取异国物，非就有。取之者皆持以归为有。为后不可分明，故正其本名。宋始以不义取之，故谓之部鼎。至于地之与人，则不然，俄而可以为其有矣。《解诂》：诸侯土地，各有封疆里数。今日取之，然后王者起，兴灭国，继绝世，反取邑，不嫌不明，故……不复追录系本主。然则为取可以为其有乎？曰：否，何者？若楚王之妻媦，无时焉可也。《解诂》：为取，恣意辞也。媦，妹也。"又《孟子·告子下篇》：孟子对慎子说:"周公之封于鲁,为方百里也……今鲁方百里者五,子以为有王者作,则鲁在所损乎?在所益乎?"然则照古人的意思,列国侵夺所得的土地,以理论,都应归还原主的。然而人类资生之具,无一不出于地。取用之余,稍感不足,于是据土地而私之之念渐生。最初是无所谓个人私有的,只是部落的私有。

什么叫做部落呢?便是其结合以地为主,而不尽依于血统。人类最初,亲爱之情,只限于血统以内;而其能互相了解,亦只限于血统相同的人。因为这时候的人,知识浅短,凡事都只会照着习惯做,而交通不便,彼此无甚往来,两个血缘不同的团体,其习惯亦即往往不同之故。这是事实。然而世界是进化的。同一血统之人,势不能始终聚居于一处。而同一地域之内,亦难始终排斥血统不同的人。既已彼此同居一地,岁月渐深,终必要互相结合,这便成为部落。部落,固然有同一血统,如《辽史》所谓"族而部"的。又有血统虽不同,而丁单力弱之族,并入丁众力强之族而从其姓,如《辽史》所谓部而族的。然而族而不部、部而不族的,毕竟很多。四种部族,见《辽史·部族志》。这是本有此四种,而辽人因之,并非辽人的创制。虽在部落之中,族的界限,自然还是存在。凡强大之族,在战时及平时,如联合以作一大工程等,都易处于指挥统驭的地位。又族大则生利之力较大,受天灾人祸等影响较难,小族往往要仰赖其救济。一部落之中,族和族的关系,固然如此。即部落与部落之间,其关系亦是如此。各部落共同作战,或赴役,亦必有一部落为其中心。后世的所谓霸主,其远源,便是从此而来。而部落与部落间主从的关系,固然有由于兵力之不敌,然亦有因债务之故,而陷于从属地位的。凡弱小的部落,因饥荒穷困,而归附强大的部落的,都该属于此类。

两个部落,势不能不相接触。邃初的接触,或者较少。到交通渐便,拓殖渐广,则其接触亦渐多。有不能谅解之时,便不得不出于争战。争战的规模,亦是逐渐扩大的。各部落的关系,日益密切,就不免有合从连衡,搂诸侯以伐诸侯之事了。既有战争,就有胜败。既有胜败,就有征服者和被征服者。征服者和被征服者的关系,又是如何的呢?

其痕迹最显著的,为古代国人和野人的区别。第四章已说过:邃古时代的民族,是居于水中洲渚之上的。但这是羲、农之族如此,黄帝之族,是居于山上的。怎见得黄帝之族,是住在山上的呢?黄帝邑于涿鹿之阿,便是一个证据。章太炎有《神权时代天子居山说》,证据搜辑得很多,可以参看。古代有所谓井田和畦田。井田,是把一方里之地,画为九区,和我们画九宫格一样。这无疑是施行于平地的。畦田,则算学中有一种算不平正之地的面积之法,便唤做畦田法,可见其在山险之地。滕文公要行井田,孟子说:"请野,九一而助;国中,什一使自赋。"古所谓国,即都城之谓。都城都在山上,所以说"国主山川";《国语·周语》。所以说"王公设险以守其国"。《易·坎卦·象辞》。野则多是平地,仅靠人为封疆。所以说:"域民,不以封疆之界,固国,不以山溪之险。"《孟子·公孙丑下》。为什么要如此呢? 这无疑是战胜之族,择中央山险之地,设立堡垒,聚族而居,而使被征服之族,居于四面平夷之地,从事农耕了。国的起源如此。古代都城,大略都在国之中央,所以《孟子》说:"中天下而立,定四海之民。"见《尽心上》。《吕览》也说:"古之王者,择天下之中而立国,择国之中而立宫,择宫之中而立庙。"见《慎势》。

国中之人当兵,野人则否。怎见得呢? 案后世之人,都误谓古代兵农合一,其实不然。江慎修说得好:"说者谓古者寓兵于农,井田既废,兵农始分,考其实不然。……管仲参国伍鄙之法,制国以为二十一乡:工商之乡六,士乡十五。……是齐之三军,悉出近国都之十五乡，而野鄙之农不与也。五家为轨，故五人为伍。积而至于一乡二千家，旅二千人。十五乡三万人为三军。是此十五乡者，家必有一人为兵，其中有贤能者，五乡大夫有升选之法，故谓之士乡，所以别于农也。其为农者，别为五鄙之法。三十家为邑，十邑为卒，十卒为乡，三乡为县，十县为属，五属各有大夫治之。专令治田供税，更不使之为兵。……他国兵制，亦大略可考。……如晋之始惟一军。既而作二军，作三军，又作三行，作五军。既舍二军，旋作六军。后以新军无帅，复从三军。意其为兵者，必有素定之兵籍，素隶之军帅。军之以渐而增也，固以地广人多；其既增而复损也，当是除其军籍，使之归农。……随武子云：楚国荆尸而举，商农工贾，不败其业，是农不从军也。鲁之作三军也，季氏取其乘之父兄子弟尽征之；孟氏以父兄及子弟之半归公，而取其子弟之半；叔孙氏尽取其子弟，而以其父兄归公。所谓子弟者，兵之壮者也。父兄者，兵之老者也；皆其素在兵籍，隶之卒乘者，非通国之父兄子弟也。其后舍中军，季氏择二，二子各一，皆尽征之，而贡于公，谓民之为兵者，尽属三家，听其贡献于公也，若民之为农者出田税，自是归之于君。故哀公云：二吾犹不足。……三家之采地，固各有兵。而二军之士卒车乘，皆近国都。故阳虎欲作乱，壬辰戒都车，令癸巳至。可知兵常近国都，其野处之农，固不为兵也。"《群经补义》。今案封建之制，天子之田方千里，公侯方百里，百倍相悬，而其兵，则《公》《穀》称天子六师，诸侯一军，不过六倍。可知全国之民，是不皆为兵的。《周官》的兵制：五人为伍，五伍为两，四两为卒，五卒为旅，五旅为师，五师为军。其六乡的编制：则五家为比，五比为闾，四闾为族，五族为党，五党为州，五州为乡。可知其系家出一卒。平时的比长、闾胥、族师、党正、州长、乡大夫，就是战时的伍长、两司马、卒长、旅帅、师帅、军将。和满洲人没有地方官，只有自都统至佐领等军职一样。野鄙之民，则《尚书大传》说："古八家而为邻，三邻而为朋，三朋而为里，五里而为邑，十邑而为都，十都而为师，州十有二师焉。"全与井田之制相应。此等人并不为兵。非其不能为兵，乃是不用作正式的军队；仅用以保卫本地方，如后世乡兵之类。鞍之战，齐顷公见保者曰："勉之，齐师败矣。"《左传·成公二年》。便是此等人。此等人是无甚训练的，亦没有精良的器械。又其地平夷，无险可守。所以春秋时代，交战一败，敌兵辄直傅国都；攻围历时的大邑，是很少的。古代大邑很少，所以宋人围长葛，取长葛，《春秋》特书之。见《公羊·隐公五、六年》。

　　这样说，战胜之族，既要出什一之税，还要服兵役；战败之族，名为九一而助，实则出十一分之一之税而已。公田百亩，以二十亩为庐舍，八家各耕私田百亩，公田十亩；私田所入归私，公田所入归公，故为十一分而取其一。而又不要服兵役，岂非其负担反较战胜之族为轻呢？其实不然。须知古代有所谓赋，是野鄙之农出的。出赋之法，今文家谓十井出兵车一乘。《公羊·宣公十五年》《解诂》。古文家据《司马法》，而《司马法》又有两说：一说以井十为通，通为匹马，三十家，士一人，徒二人。通十为成，成十为终，终十为同，递加十倍。又一说以四井为邑，四邑为丘，有戎马一匹，牛三头。四丘为甸。戎马四匹，兵车一乘，牛十二头，甲士三人，步卒七十二人。前说郑注《周官》小司徒所引，后说则郑注《论语》"道千乘之国"引之，见《小司徒疏》。《汉书·刑法志》，亦采后说。这话不必管其谁是谁非，总之和井田相附丽，可知其为野人所出。须知古代野鄙之人，是没有好好的兵器的。所谓寓兵于农，并非谓使农人当兵。古书上的兵字，是不能作军人讲的。所谓寓兵于农，乃谓以农器为兵器。其制，详见于《六韬》的《农器》篇。所以要寓兵于农，正因乡人没有兵器之故。马牛车辇都出于乡人，而兵器则不给他们自卫。自出赋的人言之，真可谓借寇兵赍盗粮了。

所以当时被征服阶级，很少反抗的事。被虐得不堪，则逝将去女，适彼乐土，以逃亡为抵抗而已。从来政治上，亦没听见征询野人的意见。至于国人，则询国危，询国迁，询立君，《周官·小司寇》。管仲听于啧室；《管子·桓公问》。子产不毁乡校；《左传·襄公十三年》。孟子说："国人皆曰贤，然后察之，见贤焉，然后用之。""国人皆曰不可，然后察之，见不可焉，然后去之。""国人皆曰可杀，然后察之，见可杀焉，然后杀之。"《孟子·梁惠王下》。都是最初征服之族，筑一堡垒，住居于中央山险之地的。即厉王监谤，道路以目，起而流之于彘，亦仍是他们。梁任公说："中国历代的革命，只有这一次，可以算是市民革命。"见所作《中国历史上革命之研究》。其实古无所谓市民。当兵的国人，起而革暴君之命，亦仍是军人革命而已。

其在选举，则俞理初说得好。他说："周时乡大夫三年比于乡，考其德行道艺，而兴贤者，出使长之，用为伍长也；兴能者，入使治之，用为乡吏也。其用之止此。《王制》推而广之，升诸司马曰进士，焉止矣。诸侯贡士于王，以为士，焉止矣。太古至春秋，君所任者，与共开国之人，及其子孙也。……上士、中士、下士，府史胥徒，取之乡兴贤能；大夫以上皆世族，不在选举也。……故孔子仕委吏乘田，其弟子俱作大夫家臣……周单公用羁，巩公用远人，皆被杀。"《癸巳类稿·乡兴贤能论》。古代士字，含有两种意思：一是战士，一是任事。士和仕亦即一字。士、农、工、商四种人，其初有入仕资格的，只有士。农、工、商都是没有的。

财产本非一人所私有，一家的财产，原系家人妇子，合作得来的。然而在习惯上，法律上，都看作家长一人之所有。《礼记·曲礼上》："父母存……不有私财。"《内则》："子妇无私蓄。"后世法律，亦有卑幼不得擅用财之条。案世之论者，率以女子为分利，此大谬也。上流社会的女子，庸或分利,然上流社会的男子,亦何尝不分利? 总计其消费之量,总较女子更大些,而且女子没有全分利的。为什么呢? 生产小孩,至少要算作生利的事。下层社会,烟赌等恶习,亦以男子为多。况且从古到今的社会,不乏杜陵所谓"土风坐男使女立"的。利的大部分为女子所生,管理的权利依然属于男子,这除掠夺外,更有何说? 总之,私产之兴,是无不带掠夺压迫的性质的。此无他,管理财产之权,属于家长一人,则事实上和他一人所私有无异。其初不过事实如此,其后则以为理所当然了。一部落中,管理财产之权,属于酋长。于是一部落的财产,亦视为酋长一人所有。被征服者之财产,是无条件认为征服者所有的;连被征服者之人身,亦是征服者的奴隶;亦即是战胜之族之酋长之财产、之奴隶了,"普天之下,莫非王土;率土之滨,莫非王臣"。其思想,就是由此而来的。然则征服之族之酋长,而欲虐取于下,除非事实上受制限,理论上是不受制限的。自然,在事实上,征服之族的酋长,决没有这么大的消费力,然而可以分给本族的人共享,使之食其入而治其人,这便是所谓封建。至此,而征服之族,乃悉成为寄生之虫。

这样说,被征服之族,必然被压迫得不堪了。其所过的日子,一定是惨无人道的了。这真是修罗的世界,如何还能称为小康呢? 这也有个缘故。

其一,榨取者的榨取,亦必须保存其所榨取的人,这话第五章中业已说过,此等利害上的计算,并非甚深微妙难懂得的事。即谓不然,而无谓的气力,总是人所不肯花的。须知征服之族之战斗,在彼原视为生产的一种手段。生产的目的,总是在于消费的。安坐而食,何等舒服? 何所苦而再去干涉被征服之族内部的事情呢? 因此之故,被征服之族,内部优良的组织,遂得保存。《孟子》说:"夏后氏五十而贡。"又引龙子的话,说:"治地莫不善于贡。贡者,校数岁之中以为常。乐岁,粒米狼戾,多取之而不为虐,则寡取之。

凶年，粪其田而不足，则必取盈焉。"《滕文公上》。此法，直是征服之族，勒令被征服之族，包还他多少租税而已，其他则一切不管。这便是征服之族，不干涉被征服之族内部之事的一个证据。禹的时代，离黄帝征服炎族的时代，总该在一百年以外了，而其政策还是如此，可想见黄族征服炎族之初，于其内部的组织，是不甚过问的。

其二，淫侈之习，非一日之致。征服之族，总是处于较瘠薄的地方的。其生活程度，本来不高，习惯非可骤变。奢侈惯了的人，使之节俭，固然觉得难受。节俭惯了的人，使之奢侈，亦一样觉得难堪的。历代开国之君，所以多能节俭者以此。《甫田》之诗："曾孙来止，以其妇子，馌彼南亩，田畯至喜。"郑《笺》说：这是周朝的成王，带着自己的媳妇儿子去劝农，请农夫和管理农夫的田畯吃饭的。后来读诗的人，多不信其说。其实这必是古义。康成先治《韩诗》，所以能知道。试读《金史》的《景祖昭肃皇后传》，便知其非瞎说了。郑《笺》读喜为馈。《金史·景祖昭肃皇后唐括氏传》："景祖行部，辄与偕行。政事狱讼，皆与决焉。景祖殁后，世祖兄弟，凡用兵，皆禀于后而后行。胜负皆有惩劝。农月，亲课耕耘刈获。远则乘马，近则策杖，勤于事者勉之。晏出早归者训励之。"这是举其一例。其他类此之事，举不胜举的还多。古代征服之族，对于被征服之族，其初期，也该有此情形的。

其三，则凡征服之族，必有不好利的美德，和哀矜弱者的仁心。前者，观于古代士大夫的戒条，如"畜马乘，不察于鸡豚，伐冰之家，不畜牛羊"等，《礼记·坊记》："子曰：君子不尽利以遗民。《诗》曰：彼有遗秉，此有不敛穧，伊寡妇之利。故君子仕则不稼，田则不渔，食时不力珍，大夫不坐羊，士不坐犬。"便可知之。公仪子相鲁，之其家，见织帛，怒而出其妻；食于舍而茹葵，愠而拔其葵。董仲舒对策，见《汉书》本传。决不是没有的事。后者则秉彝之良，则无时或绝，战胜之族之能行仁政，此其根源。此两者，亦和战胜之族所以能战胜，很有关系。因为诛求无已，不留余地，人家迫于无可如何，总只得同你拼命，反抗将无已时，尔朱氏之亡，便是其前车之鉴。而且好利太甚，强武之风就要丧失，更何所恃而能战胜？辽、金、元、清的末运，人家都说他同化于汉族而弱，其实何尝如此？只是溺于利欲，因而变为弱者罢了。

其四，则文化的性质，足以使人爱慕。此观于北魏孝文帝便可知之。古代野蛮之族，慕悦文明之族之文化，而舍己以从之，亦必有此等情景。黄帝时代的文化，前经证明为采自炎族，观其一时云蒸霞蔚，所采取者如是之多，其勇决，正不下于北魏的孝文帝了。这不但野蛮之族，对于文明之族如此，便文明之族，对于野蛮之族亦有之。赵武灵王的胡服骑射，是其一例。我们现在，试再引一段《礼记》，以见其概："且女独未闻牧野之语乎？武王既克殷，反商。反，当依《郑注》读"及"。未及下车，而封黄帝之后于蓟，帝尧之后于祝，帝舜之后于陈。下车而封夏后氏之后于杞，投殷之后于宋。封王子比干之墓，释箕子之囚，使之行商容而复其位。庶民弛政，庶士倍禄。济河而西，马散之华山之阳而弗复乘，牛散之桃林之野而弗复服，车甲衅而藏之府库而弗复用；倒载干戈，苞之以虎皮；将帅之士，使为诸侯，名之曰建櫜。然后天下知武王之不复用兵也。散军而郊射，左射《狸首》，右射《驺虞》，而贯革之射息也。裨冕搢笏，而虎贲之士说剑也。祀乎明堂，而民知孝；朝觐，然后诸侯知所以臣；耕藉，然后诸侯知所以敬；五者，天下之大教也。食三老五更于大学，天子袒而割牲，执酱而馈，执爵而酳；冕而总干；所以教诸侯之弟也。若此，则周道四达，礼乐交通，则夫《武》之迟久，不亦宜乎？"这是《乐记》上孔子告宾牟贾的话。古代的历史，亦称为语，如《论语》《国语》是也。语同伦，谓将关于孔子的历史，分类编纂也。《史记》列传，在他篇中提及，尚多称为语。足见其书本名语，太史公乃改其名为传，犹表之体原于谱,而史公改其名为表也。牧野之语,就是当时相传的武王灭商的一段历史。此等口相传述的历史,固然总不免言之过甚。然而周公东征之后,即行制礼作乐,亦不可谓之迟。以后例前,可见牧野之语所述武王之事,不能全谓之子虚。此可见周民族采取他族文化之速。不但周民族,正恐别一朝亦是如此。不过年湮代远,文献无征,而让周代的事迹独传罢了。这亦是战胜之族,所以不肯破坏战败之族之文化的重要原因。不但不敢破坏,怕还要移植之于本族;甚至无条件的甘心拜倒于异族文化旗帜之下呢。

如此,则被征服之族,其文化保存的机会,还很多了。我们设想当时的社会:则

(一)井田之制仍存。

(二)山泽还是公有的。《王制》"名山大泽不以封"。《注》:"与民同财,不得障管。"案《孟子》谓文王之圃,刍荛者往焉,雉兔者往焉,即不障管之谓也。《周官》的山虞、林衡、川衡、泽虞、迹人、卝人等官,尚是此意。

(三)重要的工业,设官制造,仍是为供给民用起见,非以牟利。《孟子》说:"万室之国,一人陶,则可乎? 曰:不可,器不足用也。"《告子下》:"度民数而造器。"可见其以供给民用为目的。虽然为供奉贵人而设的工官,总在所不免。

(四)商业之大者,仍行诸国外。古代的商人,所以多才智之士,如郑弦高等,至能矫君命而却敌兵,即因其周历四国,深知风土人情之故。《白虎通》:"商之为言章也。"可见其能运用心思,和农工的朴僿大异。其行于国中的:较大的,则国家监督之甚严。《王制》"有圭璧金璋不鬻于市"一段,即管理商人规则之一端。《周官》司市所属,有胥师、贾师、司虣、司稽、质人、廛人等官,亦都系管理商人的。较小的,如《孟子》所谓贱丈夫,《周官》所谓贩夫贩妇等,则仅博蝇头,并无大利可获。《孟子》所说的贱丈夫,只是在野田墟落之间,做小卖买的。垄断,只是田间略高之处。所登

者高，所见者远，易于被人注目，自己亦易于招徕主顾。

实业如此，其任公职的士及府史胥徒等，亦仅禄足代耕。所以此时，除拥有广土的封君外，其余的人，仍和从前相像，并无甚贫甚富之差。

在伦理上，固然阶级很为森严。然而此时的人君，亦并非没有责任的；其责任且很为重大。《荀子·王制》说："君者，善群也。群道当，则万物皆得其宜，六畜皆得其长，群生皆得其命。故养长时则六畜育，杀生时则草木殖，政令时则百姓一，贤良服。圣王之制也：草木荣华滋硕之时，则斧斤不入山林，不夭其生，不绝其长也。鼋鼍鱼鳖鳅鳝孕别之时，罔罟毒药不入泽，不夭其生，不绝其长也。春耕夏耘，秋收冬藏，四者不失时，故五谷不绝，而百姓有余食也。污池渊沼川泽，谨其时禁，故鱼鳖优多，而百姓有余用也。斩伐养长，不失其时，故山林不童，而百姓有余材也。"此特举其一端。其余类此的，不可胜举。如《淮南·主术》《汉书·货殖列传序》等，都可参看。

大同社会的一切规则，至此，悉由天下为家的大人管其枢。固然，此等大人，并非大同社会中需要他，把他请得来，是他自己凭借武力，侵进来的。然而侵入之后，没有妄作妄为，把大同社会的规则破坏，而且认此规则为必要，肯进而自任其责，代管其枢，总还算是被征服的人民的幸运了。周武帝毕竟胜于齐文宣，元世祖也到底胜于金海陵庶人。

君民相对之间，自然不免有彼此之见。如《礼记·燕义》上说："礼无不答，言上之不虚取于下也。上必明正道以道民。民，道之而有功，然后取其什一，故上用足而下不匮也。是以上下和亲而不相怨也。"只这几句话，君民之本系两族，跃然纸上。然而还未敢无功而食禄。如此，聚敛之事，安得不引为大戒？《大学》："德者，本也；财者，末也；外本内末，争民施夺。是故，财聚则民散，财散则民聚。是故，言悖而出者,亦悖而入;货悖而入者,亦悖而出。"又:"孟献子曰:……百乘之家,不畜聚敛之臣。与其有聚敛之臣,宁有盗臣。……长国家而务财用者,必自小人矣。……小人之使为国家,灾害并至,虽有善者,亦无如之何矣。"聚敛必致人民流散,这便是贪小利而招大不利;而且财多则必骄侈,骄侈亦必有后患;此等经验,古人一定很多,所以谆谆恳为训诫。不但不敢聚敛,而且还有施惠于民之事。

《礼记·王制》上说:"岁之成,……大司徒、大司马、大司空,以百官之成,质于天子。百官齐戒受质。然后休老劳农。成岁事,制国用。"又《月令》:孟冬之月,"天子乃祈来年于天宗,大割祠于公社,及门闾,腊先祖五祀,劳农以休息之"。又《郊特牲》说:"腊也者,索也,岁十二月,合万物而索飨之也。……黄衣黄冠而祭,息田夫也。……既腊而收民息己,故既腊,君子不兴功。"又《杂记》上说:"子贡观于腊。孔子曰:赐也乐乎?对曰:一国之人皆若狂,赐未知其乐也。子曰:百日之腊,一日之泽,非尔所知也。张而不弛,文武弗能也。弛而不张,文武弗为也。"为,化也。五谷必待变化而后成。贾生《谏放民私铸疏》:"奸钱日多,五谷不为多。"下"多"字妄人所加,见王念孙《读书杂志》。五谷不为,即五谷不化也。一张一弛,文武之道也。这是古人农功既毕,施惠于民之事。又《祭统》说:"凡馂之道,每变以众,所以别贵贱之等,而兴施惠之象也。……祭者,泽之大者也。是故上有大泽,则惠必及下;顾上先下后耳,非上积重而下有冻馁之民也。是故上有大泽,则民夫人待于下流,知惠之必将至也。"这是国家有庆典,施惠于民之事。虽然所施之惠,原是掠夺来的,然而这亦是充类至义之尽的话,总胜于"老羸转于沟壑,壮士散之四方,而仓廪实,府库充"的了。《梁惠王下》。

"小人学道则易使",固然不免于奴隶教育,然而君子学道则爱人,《论语·阳货》。则所谓君子者,亦渐受战败之族文化之熏陶了。这真是所谓"吾且柔之矣"。

然则这时候,除多顶着一个偶像在头上,多养活一个寄生虫在身上外,其余还无甚大苦;病象不甚利害,总还算个准健康体,夫是之为小康。

第七章　从小康到乱世

孔子说小康之治,数禹、汤、文、武、周公为六君子,其意盖谓小康之治,至此而终;自此以后,就渐入于乱世了。

小康之治,为什么会变为乱世呢?

人类无阶级则已,苟其有之,则两阶级的利害,必不能相容。固然,人之"相人偶"之心,是无时而或绝的。无论怎样利害相对立,其"相人偶"之心总还在。然而人,至少最大多数的人,总是先己后人的。见第三章。到人己利害不兼容、自己有欲而不能遂时,就不免牺牲他人了。到这时候,除非彼此的权力相等,可以互相限制,否则终不免有以此一阶级,压迫彼一阶级的事。古代的征服阶级,权力是无限的。他要压迫被征服阶级,被征服阶级固无如之何。其初因淫侈之习,非一日之致。见上章。征服者的生活,比较的节俭,所以榨取还不十分厉害。但是生产的目的,终竟是在消费。征服者的战争,原是一种生产的手段,既因此手段而得到偌大的一分财产,倘使永不消费,这财产又要他做什么?从来穷人致富,无有不兢兢以节俭为训的。一者,追念畴昔的贫穷,有所警惕。二者,其生活习惯于俭朴,骤然使之享用过分,在身体上反觉得不惯,而于心亦有所不安。然而其生活,亦总不免渐流于奢侈。一个富翁,既富之后,其享用,较诸其少小孤穷之时,总不可以同年而语了。这是根据于经济学上"生产终极的目的,在于消费"的原理的,所以奢侈之事,无论如何,总无法绝对防止。家国一理。所以开国之君,无论怎样节俭,至其子孙,终必渐流于奢侈。人之情,由俭入奢易,由奢入俭难。既奢侈之后,再增加其程度,更如顺流而下。当初觉得享用过度,身体转觉不便的,至此则非此不可了。当初享用过度,于心即觉蹙然不安的,至此则习为故常了。如此,统治者奢侈愈增,即其对于所治之人,榨取愈甚。而前章所述,暂得维持的被征服社会内部的优良组织,遂逐渐为其所破坏。这是破坏小康社会的第一种力。古代的人民,是无甚反抗力的。所以政治不良,论者多归咎于君大夫;而痛口哓音,也只是希望君大夫觉悟。

　　社会的组织而要求其合理,是必须随时改变的。但这是件极难的事。往往其组织已和其所处的地位,利害冲突,不能相容了,而人还没有觉得。即使觉得,亦或因种种方面的障碍,惮于改革;或虽欲改革而不能;又或勉强为之而致败。古代的大同社会,其组织所以合理,全由其社会小,故其全部的情形,一望可知,而其组织亦极容易。到各社会之间互有关联,则其社会,已于无形中扩大。此时而欲求合理,即须废弃旧组织,代以新组织;而此所谓新组织,即应合此互有关系的社会而通筹。此岂可能之事?于是因事实的迁流,旧制度逐渐破坏,新制度逐渐发生;而此所谓新制度,全是一任事势迁流之所至,无复加以人为修整的余地,各方面自不免互相冲突。乃亦听其迁流之所至,互相争斗,互相调和。所求者,不过含有矛盾性的苟安,和前此无一物不得其所的大顺世界,全然背道而驰了。所谓大顺,是把社会上件件事情,都措置得极妥帖,使无一物不得其所之谓。《礼记·礼运》说:"故事,大积焉而不苑,并行而不缪,细行而不失,深而通,茂而有间,连而不相及也,动而不相害也,此顺之至也。"就是表示这等理想的。后世无组织的社会,要能多数人以安其生,已经不容易了。在有组织的社会里,要使无一物不得其所,是并非不可能的。这就是所谓乱世。乱世是如何开始的呢?其最重要的关键,在经济上。自给自足的社会,需要一物,除自造之外,是别无法想的。《管子·侈靡》说:"偤尧之时,牛马之牧不相及,人民之俗不相知。不出百里而来足。""来"疑当作"求"。和《老子》所说"邻国相望,鸡犬之声相闻",而"民至老死不相往来",同为商业未兴以前,自给自足的景象。《盐铁论·水旱》篇说:"古者千室之邑,百乘之家,陶冶工商,四民之求,足以相更。故农民不离畎亩而足乎田器,工人不斩伐而足乎陶冶,不耕而足乎粟米。"也还是这等景象。稍进,则不必自造,而可以与他社会相交易。当此之时,就获利的多少上计算,某物宜于自造,某物不必自造,某物当造若干,……就都发生问题。当此之时,理应将社会的组织改变,以适应新环境。然而人的智力,固不及此。于是旧组织依旧维持着,而此组织,在此时,实成为获利、获最多之利的障碍。人之欲利,如水就下,而此组织,遂逐渐破坏而不能维持。其破坏是怎样的呢?原来共产社会,虽说共产,只是共之于本部落之中,并非此部落与彼部落相共。其时虽说没有私产,却亦未曾禁止人之有私产。不但私产的流弊,此时无从预烛。而且这时代的人,也并不知私产为何事,既不知私产为何事,那如何预行禁止呢?而人是最喜欢异物的。历代在岭南的官吏,率多贪污;对于外商的诛求,无一代不黑暗。五口通商之役,外人以兵力强迫,实亦有以激之使然。假使历代的外夷,早有兵力,此等事,就不待清道光之世了。此事甚长,必别为专篇,乃能论之。欲知其略,可看日本桑原骘藏《提举市舶西域人蒲寿庚事迹》本文四的考证十至十六。此书商务、中华,都有译本。商务改名《唐宋元时代中西通商史》。中华本名《蒲寿庚传》。此等官吏所以贪污,原因固然很多,而多见异物,亦是原因之一。他部落之物,大抵为本部落所无,易于引起贪求之心。就有自行制造,以与他部落相交易的。所易得之物，自然为其所私有。如此，私产之制，遂潜滋暗长于共产社会之中。共产社会的分职，是很严密的。他算定了有若干人，要用若干物品，然后分配若干人去工作。《孟子·告子下》："万室之国，一人陶，则可乎？曰：不可，陶不足用也。"就是算定了需要之数，以定制造人数的一个证据。假使一个人而荒其分职，其贫乏可以立见。古书多引神农之教，说："一夫不耕，或受之饥；一女不织，或受之寒。"或，有也。是说一定有受饥寒的人。古有、或二字，同音通用，如九域即九有，并非如后世用或字，作为游移不定之词。到与他部落交易之世，其情形，就不如此严重了。甚而至于有许多东西，本部落虽亦会造，却不如外货之便美，大家就弃而不用，而甘心求之于外。如此，本部落中人所从事的职业，渐渐和本部落的生活，无直接关系，而其组织，遂破坏于无形。惊人的山崩，源于无人注意的风化。这种因交易的逐渐发生，逐渐盛大，而致某种社会组织，为之破坏的现象，虽然无形可见，其力量，实远超乎政治之上。因为前者只行于征服阶级与被征服阶级之间，后者却普及于人人了。如此，人类的分工合作，就借着交易的形式而行。遂成为人自为谋、而无人和你互相帮助的世界。这是破坏小康社会的第二种力。

人和人的相处，其能否和亲康乐，全视乎其心理。而人的心理，是环境养成的。最能养成人互相敌对之心的是商业。要是有个小孩，不明白损人利己之道，我们只消叫他去买东西，讨价、还价、打折扣，……如此一两次，他的账簿上是负，我的账簿上就是正；他的账簿上是正，我的账簿上就是负，就没有不明白的了。这真是最明切的教训。比诸父诏兄勉，说什么损己利人总有好报的话，要容易明白，容易使人相信得多。也有一种人，天天和实事接触，依旧毫无觉悟，只相信相传的训条的。然而此等都是极无用的人，在社会上无甚影响。况且自私自利反社会的经验，积之久，也总要成为训条的。我们现在，人人都受着这种教训，所以"人己利害不兼容""宁我负人，毋人负我"等观念，少成若性，习惯自然；及其壮而行之，自然"造次必于是，颠沛必于是"了。何况还日在"温故知新"之中呢。

有商业则必有货币。有货币，愈能使人己损益之数，为精确的表现。而货币的作用，还不止此。人的贪欲，是因物品的异同，及其量的多寡，而有消长的。明明可欲之物，过多即等于无用。经济学家说："欧洲古代的教会，所以能布施，由其所收入的，都是必要的物品。"我国古代的君大夫，以至闭关时代，以及现在的穷乡僻壤的富人，所以能布施，这至少也是一个原因。至于货币之用弘，则此物可以转变为他物，因遇多而生厌弃之念，就消灭于无形；而贪求之心，亦如"长日加益而不自知"了。休笑今人喜欢洋货，这是自古就如此的。"三牲鱼腊，四海九州岛之美味也。"《礼记·礼器》。祭时以能致此物为孝。可见其所祭的人，生前本有此嗜好了。

人之贪欲是无所不至的。我们现在，发了贪求之心，固未尝不惕然而知止，这是受惯了环境的压迫，所以如此。倘使我们的力量而大于现在，则因贪求而起的行动，势亦必较现在为强。如此层层推之，"以其所不爱，及其所爱"，以争土地之故，"糜烂其民而践之"，《孟子·尽心下》中孟子说梁惠王的话。并非不可能的事。不但如此，就是饥不可食、寒不可衣的宝物亦然。孟子说："诸侯之宝三：土地，人民，政事。宝珠玉者，殃必及身。"《孟子·尽心下》。看这句话，就可知道当时宝珠玉者之多。这也无足怪。现在爱古玩的先生，爱饰物的女士们，不过他们没有古代诸侯的权力罢了。如其有之，安知不如求宝剑的虞公，安知不为求骏马名裘的囊瓦。《左氏》桓公十年，定公三年。此等事举不胜举。譬如卫国的蒯聩，流离在外多年，好容易得以复国，却还说："吾继先君而不得其器，若之何？"又如乐毅贤人，而其《报燕惠王书》，亦说："珠玉、财宝、车甲、珍器，尽收入于燕。齐器设于宁台，大吕陈于玄英,故鼎反乎厝室。"其称先王之功,亦说"夷万乘之强国,收八百岁之蓄积",可见其视之之重了。权力虽有制限,诈欺是只要有这戏法,无人能加以制限的。于是机械变诈的行为,就满于天下。

既已凡事皆以自私之心以行之了,则何物不可以自私? 全国最大多数是农民,农民所恃以生活的是土地。要求生产量的增加,自必先求土地面积的扩大,于是据土地而私之之情生。不但如此,人我之界既分,则一切此疆彼界的观念,继之而起。用力的浅深,施肥的多少,附离于田土的庐舍、盖藏、工具等,在在足以生其校计之心。这是隐伏在人心上,土地私有制度的起源。但是虽有此等见解,而积古相传的制度,苟使没有人明目张胆去破坏,还是不易动摇的。即使偶有动摇,也还易于恢复。这明目张胆破坏井田制度的是谁呢? 这便是孟子所说的"暴君污吏"。孟子说:"井田不均,谷禄不平",《滕文公上》。固然是就贵族的收入说。但是贵族的谷禄,建筑在平民的租税之上。贵族收入的均平与否,和平民的田地均平与否,反正还是一件事。这可见井田制度,实在是平均贫富的根源。井田制度是怎样破坏的呢? 从前的人都说由于商鞅开阡陌。他们的意思,都以为阡陌是一种制度,开始于商鞅。据朱子所考,则阡陌乃田间道路,亦即田之疆界;所谓开者,乃系破坏铲削,以之为田。朱子的《开阡陌辨》原文说:"《汉志》言秦废井田,开阡陌。说者之意,皆以开为开置之开,言秦废井田而始置阡陌也。按阡陌者,旧说以为田间之道。盖因田之疆畔,制其广狭,辨其纵横,以通人物之往来,即《周礼》所谓遂上之径,沟上之畛,洫上之涂,浍上之道也。然《风俗通》云:'南北曰阡,东西曰陌。'又云:'河南以东西为阡,南北为陌。'二说不同。今以遂人田亩夫家之数考之,则当以后说为正。盖陌之为言百也,遂洫从而径涂亦从,则遂间百亩,洫间百夫,而径涂为陌矣。阡之为言千也,沟浍横而畛道亦横,则沟间千亩,浍间千夫,而畛道为阡矣。阡陌之名,由此而得。至于万夫有川,而川上之路，周于其外；与夫匠人井田之制，遂沟洫浍，亦皆四周，则阡陌之名，疑亦因其横纵而得也。然遂广二尺，沟四尺，洫八尺，浍二寻，则丈有六尺矣。径容牛马，畛容大车，涂容乘车一轨，道二轨，路三轨，则几二丈矣，此其水陆占地，不得为田者颇多。先王之意，非不惜而虚弃之也，所以正经界，止侵争，时蓄泄，备水旱，为永久之计，有不得不然者，其意深矣。商君以其急刻之心，行苟且之政。但见田为阡陌所束，而耕者限于百亩，则病其人力之不尽。但见阡陌之占地太广，而不得为田者多，则病其地利之有遗。又当世衰法坏之时，则其归授之际，必不免有烦扰欺隐之奸。而阡陌之地，切近民田，又必有阴据以自私，而税不入于公上者。是以一旦奋然不顾，尽开阡陌，悉除禁限，而听民兼并买卖，以尽人力；垦辟弃地，悉为田畴，而不使其有尺寸之遗，以尽地利；使民有田即为永业，而不复归授，以绝烦扰欺隐之奸；使地皆为田，而田皆出税，以核阴据自私之幸。此其为计，正如杨炎疾浮户之弊，而遂破租庸以为两税，盖一时之害虽除，而千古圣贤传授精微之意，于此尽矣。故《秦纪》《鞅传》，皆云为田开阡陌封疆而赋税平，蔡泽亦曰：决裂阡陌，以静生民之业而一其俗。详味其言，则所谓开者，乃破坏铲削之意，而非创置建立之名；所谓阡陌，乃三代井田之意，而非秦之所制矣；所谓赋税平者，以无欺隐窃据之奸；所谓静生民之业者，以无归授取予之烦也。以是数者，合而证之，其理可见；而蔡泽之言，尤为明白。且先王疆理天下，均以予民，故其田间之道，有经有纬，不得无法；若秦，既除井授之制矣，则随地为田，随田为路，尖斜屈曲，无所不可，又何必取其东西南北之正，以为阡陌，而后可以通往来哉？此又以物情事理推之，而益见其说之无疑者。"读此，可知人口增加，耕地不足，实为井田破坏之真原因。不然，历史上众所指目以为开阡陌的，只有一个商鞅，为什么其余六国，井田亦都破坏呢？从来讲井田的人，都以为井田之制，不宜于人众之时。其意以为户口日增，土地总只有此数。一朝开国之初，总是承大乱之后，地广人稀，行井授之法，是没有问题的。一再传后，生齿日繁，还是人人都得一定面积的地亩，就势必至于不给了。殊不知历代所谓承平之后，田亩觉其不给，都就向来视为田亩之地言之。其实全国之内，可开辟的地方还无限。不过（一）政治上不能领导人民去开垦；（二）人民也愿意死守故乡，或者另寻他业,而不愿去开垦;(三)又或因绌于资本,而不能去开垦罢了。这还只算是社会的病态。有人说:你的话是不错,然而就使社会毫无病态,可以开垦的地方,都尽力开垦;生产技术在可能范围内,也尽量改良,然而总还是有限制的。而人口的增加,却是无限制的。那末,终不免有告穷的一日,不过迟早些罢了。殊不知人口增加,亦在现社会的状况之下则然。到那时候的社会,一切都变了,人口是否还是增加,本来是个疑问。若说还是增加;而且其增加的速率,比现在还大,则以那时候的社会,而要讲限制之策,一定是很容易的,又何劳我们代抱杞忧呢。然则开阡陌即是破坏田的疆界。田的疆界破坏了,田就从此分不均平了。治田要义,在把天下的田疆理好,来分给人,不该随各人自占所至,立为疆界。疆界的破坏,容或出于人民所自为。然而至少必得君与吏的承认,甚或出于他们的倡导。不然,在当日的人民,是不易办到此事的。所以孟子把破坏疆界之罪,都归到他们身上。井田是维持贫富均等的最要条件,疆界是维持井田的最要条件。当"各亲其亲,各子其子"之日,人民业已隐怀破坏之心;至于"上下交争利,不夺不厌"之时,君与吏又复恣行其破坏之事,于是"富者田连阡陌,贫者无立锥之地"的现象,董仲舒语,见《汉书·食货志》。逐渐发生,而离乡轻家,如鸟兽的人民,晁错《重农贵粟疏》中语。也日以滋长了。

田以外的土地——山泽,在大同小康之世,都是作为公有的,说已见前。这时候,亦就变为私有了。山泽私有的起源,依我们的推测,大约是起于有土者的掌管。《管子》的官山府海,就是掌管的一种,不过其目的,为公而不为私罢了。必先有掌管的事实,然后有如《管子》等掌管的学说,这是可以推想而知的。而当时掌管的人,其目的,必不能如《管子》的为公,也是不难想象的。西汉之世的山泽,自天子以至于封君,各自以为私奉养,见《史记·平准书》及《汉书·食货志》。这决非当时的人敢于把从古公共的山泽,一旦据为己有。一定是战国时代相沿下来的。即此一端，我们可以推想，当时掌管山泽的行为，是如何普遍了。掌管的行为，固然由来很久，如孟子所说"坏宫室以为污池"，"弃田以为苑囿"，实在也是掌管的一种。《滕文公下》。但是此等专为游乐的动机，未必人人都有，而且是容易矫正的。苟有贤君，弛以与民，并非难事。至于私人据之，以为生产之用，那就难说了。私人怎会据有山泽？依我们推测，还是从暴君污吏手里讨得来的。暴君污吏或者凭一时喜悦，把来赏人。如汉文帝以铜山赐邓通，令其得铸钱。又或野心之家，用某种条件，到他们手里去租借，如现在蒙古王公，喜欢把地租给汉人而收其租。就据之经营起畜牧、树艺、煮盐、开矿等等事业来。如《史记·货殖列传》中所说的人便是。这些人的成为富翁，自更无待于言了。

古代的工官，至此大约早已废坠。观汉世郡国，有工官者无几可知。日用必须的器具，不能家家自造的，势必取资于交易，自然就有人出来经营此等事业以牟利。王莽行六筦之时，下诏说："夫盐，食肴之将。酒，百药之长，嘉会之好。铁，田农之本。名山大泽，饶衍之藏。五均赊贷，百姓所取平，卬以给澹。铁布铜冶，通行有无，便民用也。此六者，非编户齐民，所能家作，必卬于市。虽贵数倍，不得不买。豪民富贾，即要贫弱。"《汉书·食货志》。此等现象，断非王莽时才有。不能家作的器具，都由工官供给的时代过去，此等现象就开始了。古代制造之家，大概是自制造，自贩卖，所以当时总称为商人。然而细加分析，实有工业在内。

至于专事贩运的商人，其得利就更大了。《史记·货殖列传》说："用贫求富，农不如工，工不如商。"《前汉纪》说："谷不足而货有余。"谷货，犹言食货。《汉书·食货志》说："食谓农殖嘉谷，可食之物。货为布帛可衣，及金刀龟贝，所以分财布利，通有无者也。"这是古人所下"食货"两字的定义。引申起来，凡直接供消费之物，都属于食一类。用作交易手段的，都可以谓之货。"谷不足而货有余",可见这时候的人,不是为消费而生产,乃是为交易而生产了。即此两言,就可见得当时商业的盛大。当时的商人,大约有两种:其一种,是专与王公贵人为缘的。所以要与王公贵人为缘,则因封建之世,只有他们家里,才能藏有大宗的货品。如《管子·山权数》,谓丁氏家粟,可食三军之师,后世此等藏谷之家亦多有,如《三国志》所载鲁肃指囷之事是。次则当时交通不便,商人所赍之物,贵于轻微易藏,此等都是奢侈品,亦非王公贵人不能销纳。所以《史记·货殖列传》引《周书》说:"商不出则三宝绝。"三是多的意思。普通用惯了"楚材晋用"这句话,是借货物以喻人才的。《左氏》载声子对子木说:"晋卿不如楚,其大夫则贤,皆卿材也。如杞梓皮革,自楚往也。虽楚有材,晋实用之。"可见当时将杞梓皮革,从楚国贩往晋国之事。平民造房子,固然用不着杞梓;就是皮革,主要也是做军用品的,平民着"皮屦"的怕也很少。这是珠玉金银等,所以能成为货币的一个大原因。汉代钱价尚极贵,可知当时平民,决无能用金银之理。中国货币,现在大家都说是银本位。其实这句话还是勉强的。在三十年代以前,平钱没有给铜圆驱逐掉的时候,内地如借贷、典押等等,写立文据,总是以钱论,不以银圆银两论。当时若写银圆银两,授受两方,都有些不安心,怕银圆银两的价格变动了,将来出钱或收钱之时,不免要吃亏。因为大家眼光中,只认铜钱为货币。中国人的使用银子,据历史上说,是起于金哀宗正大年间(公元一二二四至一二三一年),而大盛于明宣宗宣德年间(公元一四二六至一四三五年)。焚毁钞票之后。到现在,也有好几百年了。为什么还不能确定以银为单位呢?因为银之起源,是因为当时铜钱被钞票驱逐了,零星贸易,无以为资,乃用来代铜钱用的,并不是为交易之额大了,铜钱输送授受不便,而改以银为量价之尺的。所以在中国人眼中,始终只认银子是铜钱的代用品,并不认铜钱是银子的辅助品。当时要确定银铜两币的比价,如把银圆上铸了一千、五千、十千、百千,作为铜钱的若干倍,是人人可以了解的。要说铜钱是银两的几分之几,懂得的人就少了。对于银圆,也是如此。所以中国的货币,从最近数十年以前,只好说是铜本位。其所以始终滞于铜本位的理由：则因本位不容有二，而以两种不同的实质，制成货币，确定此种为彼种的若干倍，彼种为此种的若干分之一，中国人是向来无此思想的。这并不是中国人愚笨，因为这究竟是麻烦之事，何不直截痛快，用了纸币？所以当唐、宋之间，中国商业社会中，纸币已应自然的要求而发生了。这本是很顺利之事。惜乎后来，因政府攫取其权，借以营利，以致中途摧折了，乃不得已而用银。变用纸币而为用银，从中国货币史上论起来，实在是退化之事。若从各种本位中，择取其一，则零星贸易，一日不可缺，人人不能无；而大宗的贸易，是关系较小的。所以其势只能认铜钱为货币。所以金银等物，用为货币，是始终无此必要的。若说其物为人人所爱，所以取得货币的资格，则当初之时，大多数人怕不会要他，因为其价太贵了，人之欲望，总是先要求必须品的。所以金银等物成为货币，以至今日还辐辏不清，也是奢侈的流毒。王公贵人，懂得什么生意经？商人和他们交易，大概获利是很多的。不但如此，还可以因此而获得势力。子贡结驷连骑，以聘享诸侯，便是一个适例。《史记·货殖列传》。汉代晁错说当时商人，"交通王侯，力过吏势"，也是由此而来的。古代政治的力量强，经济的力量还较后世为弱。试看汉代贱商的法令和议论，便可知道了。假使此等法令，当时严厉执行起来，为商人者，将如之何？然而绝未闻有严厉执行之事。这大概和商人的"交通王侯，力过吏势"，多少有些关系罢？其又一种，则是专在民间做生意的。《管子》说："岁有四秋，物之轻重，相什而相百。"又说："岁有凶穰，故谷有贵贱；令有缓急，故物有轻重，然而人君不能治，故使蓄贾游于市，乘民之急，百倍其本。""岁有四秋"，谓农事作为春之秋，丝纩作为夏之秋，五谷会为秋之秋，纺绩缉缕作为冬之秋，见《轻重乙》。"岁有凶穰"见《国蓄》。所谓"令有缓急，故物有轻重"者，古时赋敛多系实物，君下令要求此物，人民就不得不出高价买来完纳了。《轻重甲》说："君朝令而夕求具，有者出其财，无有者卖其衣屦。"就是指此。这是专做屯塌生意的，即古之所谓废居。废居即化居。化即货，谓将此物转变为彼物。居则是囤积不动之意。此种生意，其每一笔的赢余，或者不如前一种之大，然而其范围较广，其交易额也较多，所以其利亦很大。

人是非有资本，不能生利的。既然凡物皆要据以自私，岂有资本独给人家白运用之理？于是乎有利息。《管子》说："养长老，慈幼孤，恤鳏寡，问疾病，吊祸丧，此为匡其急。衣冻寒，食饥渴，匡贫窭，振罢露，资乏绝，此所谓赈其穷。"见《五辅》。又《幼官》："再会诸侯，令曰：养孤老，食常疾，收孤寡。"可见古代救济之事，都由在上者负其责。然而因生活的奢侈，在上者且觉得惟日不足，哪有余力管到人家？于是小民颠连困苦的，便无可告诉，而在下的豪民，便乘机施其朘削。《管子》说："使万室之都，必有万钟之藏，藏襁千万；使千室之都，必有千钟之藏；藏襁百万。春以奉耕，夏以奉耘；耒耜、械器、种饷、粮食，毕取赡于君。故大贾蓄家，不得豪夺吾民矣。"见《国蓄》。可见此时农民的资本，全是仰给于大贾蓄家了。《史记·货殖列传》说："子贷金钱千贯者，比千乘之家。"又说："吴楚七国兵起时，长安中列侯封君行从军旅，赍贷子钱。子钱家以为侯国邑在关东，关东成败未决，莫肯与。"则当时已有专以此为业的人。在上的人，不但不能照管子的话，防止豪夺，甚而至于自己也做起豪夺的事来。齐景公听了晏子的话，"大戒于国，出舍于郊，于是始兴发补不足"。《孟子·梁惠王下》。这怕是很少有的事。所以后人歌颂，笔之于书。此外除非别有用心，如齐之陈氏，才肯厚施于国。"以家量贷，而以公量收之。"《左传·昭公三年》。虽以孟尝君之贤，还不免使冯谖收责于薛，《战国策·齐策》。下焉者更不必说了。《管子·问》："问乡之良家，其所牧养者，几何人矣？问邑之贫人，债而食者几何家？贫士之受责于大夫者几何人？问人之贷粟米有别券者几何家？"良乃对贱而言之。良家所牧养的人，就是奴隶。此外举债的，虽然一时还称为"人"和"士"，倘使逐步沉沦，恐也不能免于同一的命运？倘使有生性慷慨、不讲借贷的关系，而白白养活人家的，那就是所谓"养士"。四公子之徒，要以此名满天下了。然而所养的，也只能以士为限，至于民，到底是养不胜养的。而无衣无食之徒，遂遍于天下。而在放债的人，则不必自行劳动，而亦可以安享他人劳动的结果，则其生活愈形优裕。至此则不必有腕力，但须辛勤贮蓄，工于心计，亦可以安坐而食，而社会上乃又多一种寄生之虫。

经济的剧变如此，同时政治上，亦因经济的剧变，而更起变化。小康时代的争战，大抵出于权力执着之私。如争霸是。至此则更以实利为动机。所以《墨子·非攻》，要斤斤计较于其利不利。如此，争战的规模，势必扩大，而人民的兵役，就要加重。说古代制度的，在儒家有今古文之异。我们知道今文是根据较早的时代而立说，古文是根据较晚的时代而立说。如封建之法，今文说公侯皆方百里，伯七十里，子男五十里；古文则自方五百里至百里，即因其时互相兼并，诸侯之国土，皆已大了，所以立说者所虚拟的制度，亦因此而不同。今文说：师为一军；天子六师，方伯二师，诸侯一师。古文则以五师为军，王六军，大国三军，次国二军。今文说见《白虎通义·三军篇》，《公羊·隐公五年》《解诂》。古文说见《周官·司马》。其兵额就扩大了好几倍。然而这还是正式的军队。据前章所引江慎修先生之说，知古代人民，并不是全国当兵的。这并非他们不能当兵，不过不用他为正式的军队，而仅用之以保卫本地方，像后世的乡兵罢了。《左氏》载鞌之战，齐侯见保者曰：勉之，齐师败矣。可见正式的军队，虽败于外，各地方守卫之兵自在。至于战国，则苏秦说："韩魏战而胜秦，则兵半折，四境不守。"各地方守卫的兵，都调到前方，充做正式的军队了。此战国时之争战，兵数所以骤增。然而人民的涂炭，则又非春秋以前之比了。兵役只是役之中最重难的。除此之外，因在上者的纵欲，而人民受其涂炭的，还不少。即如秦始皇破六国，写放其宫室，筑之咸阳北阪上。秦始皇的暴虐，是人人知道的。然而观于此举，则始皇之前，六国先有六个始皇了。这是举其一端。此外筑长城，略南越，……秦始皇所做的事，六国没有不先做过的。见《史记》本传。

这时候的人民，当怎样呢？我们推想起来，则因井田的破坏，山泽的障管，再加以暴君污吏的诛求，大贾蓄家的剥削，战争苦役的死亡系房，转于沟壑，散之四方者，固然已矣，即其仅存者，亦或不能得职，而发生所谓闲民。《周官》："太宰以九职任民。""九曰闲民，无常职，转移执事。"这是以平民言，其征服阶级，亦因竞争的剧烈，亡国破家相随属。亡一个国，则此诸侯之子弟，悉降为编氓。破一个家，则此大夫的亲戚，悉沦为皂隶。《礼记·郊特牲》："诸侯不臣寓公，寓公不继世。"寓公是失国之君，寄住在他国的。照郑注说，君与夫人，仍得受国君的待遇，至其儿子，即与平民等。君之子如此，其昆弟等可知。国君如此，大夫以下可知。然而这一班人，其生活，其气质，都是和平民有异的，毕竟不能安于耕凿，于是旧阶级被破坏，新阶级即随之产生，就形成了两种人：文者谓之儒，武者谓之侠。儒者愿望大的，是想说人主，出其金玉锦绣，取卿相之尊，次之者亦想饰小说以干县令，是想在政界上活动的，所以当其时，游士遍天下。侠者则因当时列国都行民兵之制，不用募兵，上进的机会较少，乃自成一种特殊势力于民间。自然有苦心焦思，以救世为务的，如孔子墨子之徒，或就儒者加以教导，或就侠者施以感化。然而一二伟人的设教，到底敌不过多数人生活上的要求。于是儒者多成为贪饮食、惰作务的贱儒，而侠者亦多成为盗跖之居民间者了。

第八章　从大同到乱世社会意识的变迁

"人心之欣戚，岂不以其境哉"？无论怎样圣哲的人，其思想，总是随着环境而转移的。圣哲所以为圣哲，只是他富于反抗的精神；在什么环境里，他都不认为满足，总能发见其缺点，而提倡改良，而社会遂因之进化。至于说圣哲的思想，超出环境之外，而发见所谓亘古今中外不易之道，是决无此理的。因为亘古今中外不易之道，世界上本无其物。

所以社会风俗的变迁，亦可以其时的物质条件，为其基本。

隆古时代，人有协力以对物，而无因物以相争。这时候的人，对于外界即物的抵抗力极弱；又多不明白其所以然，遇见什么东西，都虑其足以为害，而要设法排除他；所以这时候的人，其对于物，是残酷的，而其对于人，却甚为平和。因为这时候，人的利益，不建筑在他人身上，而建筑在他人和我协力的基础上。野蛮人的行为，往往忽而极其平和，忽而极其残酷，我们看了，真觉得莫名其妙，其实殊不足奇。他对人的平和，是把人当作人看——和他协力的人。对人的残酷，是把人当作物看——能加危害于他的物。这时候的人，对于外人和外物，是没有分别的。我们苟被他认为是人，则其相互之间，异常平和，充满了热情，而毫无猜防之念存于其间。即其对于物，见了虽然害怕，而因不明白其所以然之故，平时却无从预防；远虑是这种人所没有的。所以这种人，总觉得俯仰宽闲，天真烂熳。《白虎通》说三皇以前的情形："卧之肤肤，行之盱盱；饥即求食，饱即弃余"。就是这种境界。进而至于农耕时代，衣食饶足，生活之计不缺。对于外物，防御之力渐强；渐能了解其性质，残酷之情渐减，而其对于人，还保持着有协力以对物，无因物而相争的旧关系。人和人相与的黄金世界，就于此出现了。这就是孔子所说的："人不独亲其亲，不独子其子；货恶其弃于地也，不必藏于己；力恶其不出于身也，不必为己。"大同时代的情形如此。这时候，人对于人，只有好意。只有好意，就连好的名目——仁，也立不出来，何况斟酌于人我之间，而求其折衷至当的办法——义呢？彼此都以好意相与，自然没有加害于人的行为，更用不着什么规范——礼。所以《老子》说："失道而后德，或问道与德有何区别？答：道是客观的道理，存在于宇宙间的，与我无涉。这话在认识上讲起来不可通，但当时的哲学思想只得如此，不能以后人之见议古人。德则是有得于己。譬如人，生而手能持，足能履，这是道。知持必以手，履必以足；而且知道持当如何持，履当如何履，而遵守之，就是德。人，最初不过行乎其所不得不行，止乎其所不得不止，并不知道什么叫做道理，自更无所谓应当不应当。这时候，无所谓德。我与世界，是混而为一的。尚未知分别我于世界之外，视自身以外之物，为与我立于相对的地位。至能发觉宇宙间之定律，而有意于遵守之，则不然矣。所以只知有道的时代，较已知有德的时代，更为淳朴。失德而后仁，失仁而后义，失义而后礼。"这就是大同时代的风俗。

　　大同时代过去了，便入于小康时代。小康时代，已有治者和被治者之分。天下无阶级则已，既有阶级，两阶级的利害，总是不能相容的。不如此，便不得称为阶级。但是这时候，在上的人，也并不是只知剥削在下的人，而对于全体，毫无利益。野蛮人是怕用心思的。社会学家说："这等人，你要他用一分心思，他宁可出十分气力。"所以这时候而有能指导他们的人,他们是异常欢迎的。决不像后世人一般,发生"你为什么要指挥我? 我为什么该受你的指挥"这样的疑问。古代的酋长,往往被视为首出庶物的神圣;在文明社会中,一个极寻常的人,跑到野蛮部落中,就做了蛮夷大长,即由于此。这时候,在上者要滥用威权,在下者是无可如何的。如其还能宽仁,那就更要歌功颂德了。所以这时候,在上者的道德,应该是"仁"与"智"。在下者初被在上者征服时,自然压迫受得很厉害。但是这种人,因其虑患之疏,对人仇恨之心,初不甚切。假意的抚摩,也会视为是真意的。而因其时并无历史一类的书籍,过去的事情,很容易忘掉。譬如辫发,本来是中国人所没有的,当满人入关,强行雉发令之时,曾因此抗争,流血不少,然至近代,反有认辫发为故俗的,即其一证。经过若干年后,被征服的历史,也就忘怀。上下之分,权利的不平等,只以为生来如此的。向来习惯了的事,是很少有人去问其理由的。何况还有狡黠之徒,造作邪说,以愚弄其民,如中国古说,天子是感天而生的;又如印度的婆罗门,造为自己的种姓,从梵天之口而生;刹帝力自其胁而生;吠舍自其股,戌陁自其足等等的话呢? 所以这时候的人民,是以"安分守己""忠实服从"为美德。其中有一部分人,不事生产,而受统治者豢养的,则专以效忠于统治者的本身,及其继嗣的人和家族,助其保守产业、地位、荣誉等为义务,是之为臣。君臣民的关系既立,推而广之,则父子、兄弟、夫妇、长幼、主仆之间,也都生出治者和被治者的关系。在上者亦以宽仁能领导为美德,在下者亦以效忠能服从为美德。统治者利于这种性质的发达,处处加以奖励。被治者也忘却万人平等,也是可以相安的,以为社会的秩序,非如此不能维持。近代如曾国藩,即系富于此种思想的人。如其为曾割臂以疗其夫的陈岱云妻易安人,所作墓志铭,说:"民各有天惟所冶,煮我以生托其下,子道臣道妻道也。以义擎天罄广厦，其柱苟颓无完瓦。"即可以见其思想之一斑。旧时抱此等思想者，不止国藩一人。总而言之，他们认社会不能无阶级；阶级间的道德，即系社会所赖以维持。上下合力，维持这一种人与人间的关系，这便是小康时代的道德。

假使两方面真能遵守这道德，君仁，臣忠；父慈，子孝；兄友，弟恭；夫义，妇顺；原亦可以小康。然而人，总是要扩张自己的权利的。老实说，人总不免做物质的奴隶。到自己的享用觉得不足，自然不是真的不足。而又有威权在手时，就不免要牺牲他人以自利了。在上者滥用权力，而在下者无可如何，自然也要运用手腕，以求自免。进一步，则不但自免，还可以攫取权利；更进，则上下可以易位。人和人之间充满着这种"凭借地位，滥用威权"；或"凭恃智力，运用手腕"的关系，而君臣、父子、兄弟、夫妇之道苦矣。固然秉彝之良，无时或绝，人和人之间，总能维持着相当的正义，然而在一定的情形之下，维持自然只能维持着一定的限度，而且这情形没有动摇，这限度，也就随之而有涨缩。维持人与人间的正义，自然是要有个机关的。这机关便是国家。然而国家也要有人代表他的；这代表他的人，也是人而不是神；也是在一定情形之下的，当然也只能将正义维持到一定的限度。

当这时代，交换渐次兴盛，商业渐次抬头。商业对于社会，到底是有功的，还是有罪的？这话也很难说。商业使人人觉得人己利害不兼容，互相处于敌对的地位，前章业已说过了。然亦正因此故，使人能估量他人的才智；知道所谓在上者，亦是和我一样的人；他要支配我，我要受他支配，只是地位上的关系，并不是他真有什么大本领。而且知道人总是要扩张自己的权利的；在上者也是如此。有许多事情，话说得好听，其内容也只是如此。我对于人，服从与否，当然以我自己的利害为立场。开始考虑到此，在下者忠实的程度，便要减退。其服从的程度，自然也要随之而减退。人人明白自己的利害，和他人的利害，是有互相消长的关系的，自然要尽力于自卫，不容他人随意压制剥削；自然要求解放。所以也可说商业是民治主义真正的导师。然而在没有达到解放的目的以前，人和人的关系，自然更趋于尖锐化。

到此，便入于乱世了。风俗大变！人心大变！

乱世的风气，是怎样的呢？我们且具体的，描写几件出来。

到底怎样算做穷？这是很难说的。真正的穷，该是不能维持其生活，如实在冻饿得不能支持之类，然而这界线是很难定的。普通所谓穷，大抵是相形之下，感其不足，就是所谓相对的穷——比较上的贫穷。虽然在生存上也可以算是无问题的，然而在心理上的不安，则无法遏止。《孟子》所谓"万取千焉，千取百焉，不谓不多矣"，然而"不夺不厌"，这都因为有人和他相形使之然的。相形的对象不消灭，不安的心理，也永不消灭。这便是《老子》所谓"民之饥，以其上食税之多"。和我相形的人遍于天下，人人互相形，即人人感觉其不足。于是嚣然不安之心，亦遍于天下。

人是有远虑的。不但要满足现在，还要悬念着将来。而人的力量，是很微薄的。苟非大家互相保障，则陷于饥寒之渊，以至于死亡，是件很容易的事。到这时代，人人是讲市道交；人人只顾自己的利益，再没人来保障你了。人人觉得前途的可危，就人人要汲汲皇皇以言利，都觉得惟日不足。

"天下熙熙，皆为利来；天下攘攘，皆为利往"，而言利遂成为一种普遍的心理。《史记·货殖列传》说得好："贤人深谋于廊庙，论议朝廷，守信死节；隐居岩穴之士，设为名高者，安归乎？归于富厚也。是以廉吏久，久更富；廉贾归富。富者，人之情性，所不学而俱欲者也。故壮士在军，攻城先登，陷阵却敌，斩将搴旗，前蒙矢石，不避汤火之难者，为重赏使也。其在闾巷少年，攻剽椎埋，劫人作奸，掘冢铸币，任侠并兼，借交报仇，篡逐幽隐，不避法禁，走死地如鹜，其实皆为财用耳。今夫赵女郑姬，设形容，揳鸣琴，揄长袂，蹑利屣，目挑心招，出不远千里，不择老少者，奔富厚也。游闲公子，饰冠剑，连车骑，亦为富贵容也。弋射渔猎，犯晨夜，冒霜雪，驰坑谷，不避猛兽之害，为得味也。博戏驰逐，斗鸡走狗，作色相矜，必争胜者，重失负也。医方诸食技术之人，焦神竭能，为重糈也。吏士舞文弄法，刻章伪书，不避刀锯之诛者，没于赂遗也。农工商贾畜长固，求富益货也。此有知尽能索耳，终不余力而让财矣！"总而言之，是"人自为谋，惟力是视"八个字。不论为众所尊敬的人，或众所贱视之人，其内容都不外此。

因为求利的艰难，所以有时候只好连性命也不要。《管子·轻重甲》说："湻然击鼓，士忿怒，舆死扶伤，争进而无止，非大父母之仇也，重禄重赏之所使也。故轩冕立于朝，爵禄不随，臣不为忠；中军行战，委予之赏不随，士不死其列陈。故使父不得子其子，兄不得弟其弟，妻不得有其夫，惟重禄重赏为然耳。故不远道里，而能威绝域之民；不险山川，而能服有恃之国。发若雷霆，动若风雨；独出独入，莫之能圉。"《禁藏》篇也说："夫凡人之情，见利莫能弗就，见害莫能弗避。其商人通贾，倍道兼行，夜以继日，千里而不远者，利在前也。渔人之入海，海深万仞，就彼逆流，乘危百里，宿夜不出者，利在水也。故利之所在，虽千仞之山，无所不上；深渊之下，无所不入焉。故善者，势利之在，而民自美安。不推而往，不引而来。不烦不扰，而民自富。如鸟之覆卵，无形无声，而惟见其成。"顺着这种机势，以使其民，真所谓"下令于流水之原"，何为而不成？何欲而不得？然而反过来，天下处于必乱之势，你也就无法防止。因为个个人都和你拼命了。一人致死，万夫莫当，何况拼命者遍天下呢？这真是《老子》所谓"民不畏死，奈何以死惧之"？人谁不畏死呢？不过退后也是死，还不如向前，可以侥幸于万一。纵然不能侥幸，也死在将来，退后则死在目下。夫谁使之决定拼命向前呢？这和他自己所定最低限度的生存线有关系；而最低限度的生存线的决定，又和其人的生活程度有关系。所以《老子》又说："民之轻死，以其奉生之厚。"

人和人，本来是互相亲爱的。但是人，总是先己后人的动物。自己还顾不来，哪里顾得到别人呢？于是随着处境的艰难，相亲相爱之情，就日益淡薄了。《淮南子·齐俗训》说得好："仕鄙在时不在行，利害在命不在智。夫败军之卒，勇武遁逃，将不能止也。胜军之阵，怯者死行，惧不能走也。故江河决，沉一乡，父子兄弟，相遗而走，争升陵阪，上高邱，轻足先升，不能相顾也。世乐志平，见邻国之人溺，尚犹哀之，又况亲戚乎？故身安则恩及邻国，志为之灭；身危则忘其亲戚，而人不能解也。游者不能拯溺，手足有所急也；灼者不能救火，身体有所痛也。夫民有余即让，不足则争；让则礼义生，争则暴乱起。扣门求水，莫弗与者，所饶足也。林中不卖薪，湖上不鬻鱼，所有余也。故物丰则欲省，求澹则争止。秦王之时，或人菹子，利不足也；刘氏持政，独夫收孤，财有余也。故世治则小人守政，而利不能诱也；世乱则君子为奸，而法弗能禁也。"民国元年，安徽有个人，靠着他的妻在外帮佣，以为活计。约当春夏之交，他的妻生了一个女孩，因此不能出外帮佣，粮尽援绝。他恨极了，竟把新生的女孩杀死。当时登载报章，舆论哗然。其实此等事，性质相同，而形式不———日之中，大地之上，不知要发生若干次，不过不尽彰露；即使彰露，而社会的耳目，是病态的；有时受人注意，有时放在眼前而不见，置诸耳边而不闻罢了。以我所知，吾乡有个读书人，生女弗育；却也未曾溺女，但禁止其妻，不许哺乳，偏这女孩饿三天不死。他的妻，忍着泪，在产褥之中，频频使人看这无罪的女孩，绝命也未？这真可谓极天下伤心之故了。这是千真万确的事。"或人菹子"，岂是虚言？这事也是读书人做的，不能改革社会制度，而空言提唱道德的听着。

对于亲爱的人，尚且如此，何况不知谁何的人？《韩非子·显学》篇说："今世之学士语治者，多曰与贫穷地，以实无资。今夫与人相若也，无丰年旁入之利，而独以完给者，非力则俭也；与人相若也，无饥馑疾疚祸罪之殃，独以贫穷者，非侈则惰也。侈而惰者贫，力而俭者富。今人征敛于富人，以布施于贫家，是夺力俭而与侈惰也。"这真和现在反对恤贫政策的人，如出一口了。不过韩非子到底还是离健全社会不远的人，还知道以"夫同彼。与人相若"为先决的条件而已。然而究竟相若不相若，也是很难说的。即使真是如此，而"母之于子也，贤则亲之，无能则怜之"。《礼记·表记》。果使全社会而都以善意相与，难道就养不活这几个较为懒惰的同胞么？至于奢侈，则社会制度，果然良好，就有性好奢侈的人，也是行不出奢侈之事来的。譬如没有赌场，向哪里去赌？没有窑子，向哪里去嫖？用现在的眼光看来，侈惰的人，原只算一种病理。《庄子·则阳》篇说得好："柏矩之齐，见辜人焉。推而强之，解朝服而幕之，号天哭之曰：'子乎！子乎！天下有大灾，子独先罹之。'曰莫为盗，莫为杀人。荣辱立，然后睹所病；货财聚，然后睹所争。今立人之所病；聚人之所争；穷困人之身，使无休时，欲无至此，得乎？匿为物而愚不识；大为难而罚不敢；重为任而罚不胜；远其涂而诛不至；民知力竭，则以伪继之。日出多伪，士民安取不伪？夫力不足则伪，知不足则欺，财不足则盗。盗窃之行，于谁责而可乎？"定一条法令，叫全国的人民，都要来射覆，射不中的，剥夺其公民权，这叫做"匿为物而愚不识"。在长江最阔之处，架一座独木桥，强迫人走过去，趑趄不前者，推堕江中，这叫做"大为难而罚不敢"。起重机所起之物，叫人来起，起不起的杀，这叫做"重为任而罚不胜"。叫人和马赛跑；或者是追火车，跟汽车；赛不过者监禁；追不到者罚金；跟不上者，罚作苦工，这叫做"远其途而诛不至"。这合理不合理？然而法竟如此立了；不识、不敢、不胜、不至的人，竟是罪无可逭的。这除"假造成绩""私更标准"之外，更有何法？这就是所谓"民知力竭，则以伪继之"。固然，天下作伪的人，并非都处于如此为难的境地。然而这亦由先有不合理之法，造成作伪的世界，使他们习见习闻，以致不能自拔。寻常人不能自拔于环境之外，原是不足责的。此即所谓"日出多伪，士民安取不伪"。照《庄子》说来，所谓辜人，他自己丝毫不能负责。然则是谁之罪呢？只好说"天下有大灾，子独先罹之"了。刑伤过犯，和水火刀兵，只是同一的不幸。"谁之罪"？这真是可以深长思之的问题了。

"此惟救死而恐不赡，奚暇治礼义哉"？<small>孟子语，见《梁惠王上》。</small>《韩非子·五蠹》篇说得好："古者丈夫不耕，草木之实足食也；妇人不织，禽兽之皮足衣也。不事力而养足，人民少而财有余，故民不争。是以厚赏不行，重罚不用，而民自治。今人有五子不为多；子又有五子，大父未死，而有二十五孙。是以人民众而货财寡，事力劳而供养薄，故民争。虽倍赏累罚，而不免于乱。尧之王天下也，茅茨不翦，采椽不斫；粝粢之食，藜藿之羹；冬日麑裘，夏日葛衣；虽监门之服养，不亏于此矣。禹之王天下也，身执耒臿，以为民先；股无胈，胫不生毛，虽臣虏之劳，不苦于此矣。以是言之，夫古之让天下者，是去监门之养，而离臣虏之劳也，古传天下而不足多也。今之县令，一日身死，子孙累世絜驾，故人重之。是以人之于让也，轻辞古之天子，难去今之县令者，薄厚之实异也。"这可见所谓"廉让之节"，也全是环境所造成了。朋友相与之间，古人说"久相待也，远相致也"。《礼记·儒行》。后世却变为"入门各自媚,谁肯相为言?"古乐府中语。亦由于此。

廉让之节既亡,则凡事都可以枉道而行之,而舆论遂变为无价值。在风气敦朴之世,舆论是最见得公是公非的。所以孔子说:"斯民也,三代之所以直道而行也。"《论语·卫灵公》。在这时候,好的人,固然不能以曲说毁谤;坏的人,也无从以私意辩护。所以孔子说:"孝哉闵子骞,人不间于其父母兄弟之言。"《论语·先进》。孟子也说:"暴其民甚,则身弑国亡;不甚,则身危国削;名之曰幽厉,虽孝子慈孙,百世不能改也。"《孟子·离娄上》。此等正当的舆论,对于个人,制裁之力最强。古人最重孝,而《礼记·祭义》篇说孝,是"使国人皆愿然曰:幸哉有子如此!可谓孝也已。""惧修名之不立",自无人敢为非作歹了。观以上所引诸文,可知此等风气,当春秋战国时,仍有若干存在。然而其崩坏也始于是时。"子张问士,何如,斯可谓之达矣。子曰:何哉,尔所谓达者?对曰:在邦必闻,在家必闻。子曰:是闻也,非达也。""夫闻也者,色取仁而行违,居之不疑,在邦必闻,在家必闻",《论语·颜渊》。可见有积极的违道以干誉的人。"行何为踽踽凉凉?生斯世也,为斯世也善,斯可矣。阉然媚于世也者,是乡愿也"。《孟子·尽心下》。可见有消极的模棱以避谤的人。好恶之不公,固然由于干誉避谤者之欺人,亦由大多数操毁誉之权者,自己先有弱点,然后为其所欺。其弱点在哪里呢?则由其毁誉,不以所毁誉的人的行为为标准,而以自己的利害为立场。明明知其是坏的,而慑于其势,则不敢毁;曾受其恩,则不肯毁;要和他结为党羽,则甚且矫情誉之。明明知其是好的,而因其人有负俗之累,自己也要干誉,也要避谤,怕誉了他,自己也要被谤,则不敢誉;甚而违心毁他。明明有害之事,而自己有利于其中,则可以曲意鼓吹。明明有益之事,而于私计不便,则可以胥动浮言。总而言之：天下的人，并不是都可欺的，本来大都不易欺的，所以可欺，而且易欺，全由其为私意所中，而其所以为私意所中，则全由其以自己的利害为立场之故。所以毁誉之不正，其根源，乃在人和人的关系，先不正常之中。"子贡问：乡人皆好之，何如？子曰：未可也。乡人皆恶之，何如？子曰：未可也。不如乡人之善者好之，其不善者恶之"。《论语·先进》。可见是非好恶之纷然淆乱了。至此，才有独行之士，毅然自行其是。到独行之士出现时，我们就知道这时代的舆论，是反社会的了。

舆论既乏制裁之力，则所以维系社会的，就要专恃法律。然而法律亦随社会的变化，而成为反社会的东西。这是怎样一回事呢？社会的和反社会的区分，就是道德的和不道德的标准。所以法律而果能维护社会，就要维护道德。质言之，法律和道德，应该是一致的。然而二者之间，久已分歧了。明知其居心不可问，而却无法驳他，这种话，唤做"官话"。这是旧名词。换一句现在的话说，就是合乎法律的话。然则合乎法律的话，可能是不合乎道德的。同理，合乎法律的行为，也可能不合乎道德。而合乎道德的行为，就可以不为法律所保护。然则法律是不是反道德的呢？此其转变，亦在春秋战国之世。道德与不道德，是判之于其动机的。"正其义不谋其利，明其道不计其功"，到底是颠扑不破的话。所以法律之所保护，所惩治，着眼于其动机与否，就是其合于道德与否的凭证。凡较早的法律论，无有不注重于动机的。譬如说："听讼，吾犹人也；必也，使无讼乎。无情者不得尽其辞；大畏民志，此之谓知本。"《礼记·大学》。又如说："如得其情，则哀矜而勿喜。"《论语·子张》。都有推求其动机，是否合乎道德的意思。必如此，社会的善良风俗——不是现在法律上所谓善良风俗——才能维持得几分。郑铸刑书，晋作刑鼎，叔向、孔子所以要加以剧烈的反对，即由于此。

《左氏》昭公六年、二十九年。犯罪与否,以及其罪之轻重,全由在上者斟酌情理而定,固然不能无弊。然在上者苟无私意,则因人人意中标准之不一,以至用刑轻重不伦之弊,与能斟酌其动机,而施以赏罚,因而能维持人与人间的几分善意之利,两者相消,而利恒觉其有余。然此亦以在上者无私意——即其所怀挟者亦为善意为限,至操用法之权者,而亦怀挟恶意,其情形就大变了。《礼记·王制》说听讼之法:"疑狱,泛与众共之;众疑,赦之。"舆论的公平,亦是制裁用法者,使之有所惮而不敢放肆的重要条件。到后来,这条件亦消灭了。于是法律亦跟着变化,其所维持不过社会上最低限度的秩序。过此以往,就都不能问了。遂有明知其有利于社会的,而不能加以保护;明知其为反社会的,而无可如何,而且不得不加以保护之事了。而法律遂自成为反社会的东西。

法律又失效力,所以维持社会的,就要靠宗教了。关于宗教问题,从前人的议论,我以为宋儒辟佛的话,有相当的理由。他们有一种议论:以为佛法之行于中国,精神方面,是由中国礼义之教已衰,所以佛教得以乘虚而入。物质方面,则因一切养民之政,都已废坠,穷人多了,僧道亦成为一种谋食之方,因而二氏之教盛行。二氏之盛行于中国,其原因,或非宋儒所能尽知,抵排异端,攘斥佛老,在后人也久视为不成问题。宋儒排斥二氏的话,也诚然有许多不成问题的。但其所论宗教和社会组织的相关,则不能不承认他含有若干真理。宗教是慰安精神之物。精神而需要慰安,必其中先有所不足。最初的宗教,是如何产生的呢?因其时的人,知识程度甚低;外界什么现象,都不明白其所以然;对于其力之大而足以加害于我的,就不免发生恐惧之心;若其能有益于我的,则又不胜其感谢之念;所以祭祀之义,不外乎"祈""报"两端。这可说:因为人对于自然的认识自觉其不足,而宗教因之产生的。社会进步,人对于自然的知识增加,抵抗之力亦渐大。对于天行之力,不甚怕他了。而且知道他并不是和有意识的人一般的;其为益为害,都非有意的;在他不过行乎其不得不行,止乎其不得不止;既无所用其恐惧,并无所用其感谢。如此,则人对于自然,感情日淡;而其宗教思想,乃纯以社会上的缺陷为其基础。人生在世,总有不能满足的欲望;于是有死而升天,在天上享乐;或来世托生于富贵之家等思想。人生在世,总不能无不能平之事;于是有死为厉鬼以报怨等思想。凡若此者,悉数难终,而总有一社会组织上的缺陷,潜伏于其后则一。譬如死,是人所最畏惧的,因而宗教上就有不死的思想。灵魂不死,和肉体不死,其不死之方法虽异,其为不死则同。这到底是天然的缺陷呢,还是社会的缺陷?固然,人无不求生,而且无论如何完善的社会,亦无法令个体不死。然而求生只是欲望之一;而人的欲望,是应乎其生理状态的。衰老的人,精神气力,都渐渐完了,自然也无甚欲望。逮其渐灭净尽而死,不过如劳者之得息,倦者之知归,原也无甚可怕。就旁人看了,也无甚可哀的。《唐书·党项传》说:"老而死,子孙不哭。少死,以为夭枉,乃悲。"这种风俗,在自称为文明的人看起来,一定要诮其薄。然而这正是他们的社会,变态未甚之征。生时无甚不足,所以至于老死,也不过行所无事。至于我们,"出师未捷身先死,长使英雄泪满襟","但恨在世时,饮酒不得足",无论为公为私,是小是大,人生在世,总觉有许多缺陷。确实,这时代,一个人在社会上,所负的责任,也比以前重了。如为儿孙作马牛,即其一例。大同时代,个人的生活,均系社会所保障,此等问题,自无从发生了。如此,到临命之时,自然要割舍不掉,遗恨无穷。而旁人看到他,也觉得可哀。念他在世上,曾忍受着这些,而今还带到九泉去。若正常之社会,则何有焉?事事是"常",事事是"顺",自然生于其中的人,个个能"安常处顺"。生老病死,人事之常,有何难割难舍？而亦何可哀之有？"龟长蛇短"。人生的修短，原不是论岁月的久暂，而是论其心事了与未了。然则病态的社会里，即使活到百岁，也还算不得长寿；也还算不得正命；就等于党项人所谓夭枉，又何怪本人的留恋，旁观的悲伤呢？而况乎还有连岁月也很短促的。死是人之所大恶，也是最不易用人力弥补的缺憾，然而其成为缺憾，还是由于社会组织的不良，而不是属于天然的。然则天然是无缺憾的；一切缺憾，悉由人事之不良。所以我说：宗教的根源，就是社会的病态。

中国人是最讲现实的。所以宗教上最重要的信条，就是"行了好心有好报"。而其所谓好报，都在现世。所谓"福善祸淫"；所谓"积善之家，必有余庆；积不善之家，必有余殃"，都不外这种思想。使此说而果有威权，固亦足以维持世道人心。然而天下人，究竟是不可欺的。除掉至愚之人，你总得给他一点证据看，他才相信。行了好心有好报，这本是拿不出证据来的。而就经验所及，却屡有相反的证据。社会愈坏，则正面的证据愈少，而反面的证据愈多。因为福善祸淫，基于赏善罚恶，这本是人事而不是天道。所以宗教也并不足以麻醉人。在中国，几曾见迷信之士，肯忘身舍命，以卫护一种宗教来？在外国，此等事诚然有之，然必其社会，因迷信之笃，而能表见出一种力量来，使信教之士，在实际上或精神上，自觉能得到一种满足，这实在还是人事，而不是天道，实在是有效验可见，证据可得，而并非以空话骗人。假使毫无证据，而还肯相信，这一定是极无用的人，本来不能为恶，麻醉他做什么？而麻醉了他，徒然使他结想于虚无之中，而忘却现实的奋斗和反抗，因而强者更得横行。姑妇之勃溪，夫妇之反目，债权债务之纠纷，屡见弱者悬梁服毒，投井跳河，几曾见强者因此而有所畏怖来？程明道说："至诚贯天地，人尚有不化，岂有立伪教而人可化乎？"答佛法果报，系为下根人说法之问。再不要以为空话可以骗人。这等虚设之局，不要到现在，几千年前的人，就看得穿而又穿了。谓予不信，请读《史记》的《伯夷列传》。

一班空言提倡道德的人，最喜说宗教可以慰安人的精神，而使之满足，而其实际的情形是如此，然则所谓满足者安在呢？"使我有身后名，不如实时一杯酒"，怕也是现代的宗教徒，同有的觉悟罢？不然，为什么和尚、道士、基督徒等等，其大多数，语其实，总不过是饭碗问题，甚而至于是享乐问题呢？

乱世的情形如此。请问现在的社会，是不是这样？

第九章　先秦时代对于社会改革的诸派

"积劳始信闲为福，多病方知健是仙"。这还是闲过来、健过来的人。假使有人，生而劳苦，从来未识安闲；生而疾病，从来未知康健，他就要以劳苦和疾病，为人生的本然了。人的记忆力，是很弱的，不过数十百年，而其事已若存若灭了，何况经过几千万年？习惯于乱世，以为世界本祇如此；人不过是如此的动物，只会造出如此一个世界；地球之上，再无实现一个乐园的可能：后世的人差不多通有这种思想。"人有悲欢离合，月有阴晴圆缺，此事古难全"，而这世界，就永远成为缺陷的世界了。这真如深渊之鱼，久而丧其目了。周秦间的人思想则不然。其时去大同之世未远，离小康之世则更近；虽说已入于乱世，而大同小康时代的遗迹，总还有若干保留的。偏僻地方，多保存旧时代的风俗，是古今一辙的。春秋战国时代，也有一种议论，说文明之国，反不如野蛮之国，如由余对秦穆公的话，见《史记·秦本纪》。即是此理。观此，可知当时偏僻未进化之区，必有若干古制存在。故老之流传，书史所记载，其材料就更多了。社会本不是如此坏的；而当前的社会，只是一个变态，总可以设法使之恢复常态的；也是其时的人，公有的思想。既然如此，当时的学者，对于社会改革问题，当然可有较彻底的意见了。我们现在，把它分为五家：

第一道家。道家对于社会改革的主张，是最彻底的。他的宗旨，是要想把社会径挽回到大同世界的。道家的宗旨，在于"归真返朴"。这四个字，被后来的人误解了，以为要归真返朴，便要把一切物质文明摧毁，而其事遂不可行。其实物质文明的进步，初不必和社会组织的复杂相平行。就现在世界上看，这两种现象，确是互相随伴的，然而这不过是偶然的事实，并非其间有必然的道理。人的知识也不是两者同时并进的。试观科学家不必定通世故，其在社会上应付的手段，或反较普通人为拙可知。更试将现在文明国中，学习科学的设备和环境，都移到野蛮部落中去，包管其人也会精通科学的。只要其余的环境，不相随以俱去，包管其人还是淳淳闷闷。有人说："学问技术的进步，全是由于私产之故，因为发明家可得巨大的利益。"这话更荒谬了。到底发明的动机，是爱好真理，还是在牟利？这要请查一查历史再说话。世界上的有发明，几十万年了。私产制度，则不过数千年。从前人所发明，固然较现代史为差，然而这是文明累积的结果。试问古人所发明，又谁悬赏为之奖励呢？至于社会科学的精深，则本是社会的病态。因为其所研究的对象，本是社会的病理。譬如货币，在现在，也成为专门学问了。然而没有交换，哪有商业？没有商业，哪有货币？货币尚且没有，何从成为专门的学问呢？请问汉以前可有治天痘的方子？南北朝以前，有研究霉疮的医书否？这是举其一端，其余政治、法律、军事⋯⋯可以类推。以我们耳目之所睹记，固然物质文明进步的社会，其组织总要复杂些，而其中之利弊，遂随之而增多。譬如我们在乡僻之地，造几间土墙茅屋，筑墙和盖屋的人，决不能大敲我们的竹杠。要在通都大邑，造几间华式或洋式的屋子，就不然了。瓦匠、木作、工程师、建筑公司，都可以大敲竹杠。我们竟无可如何，甚且没有知道。然则社会愈进步，知识技艺愈专门；知识技艺愈专门，社会的组织，势必随之而复杂。因为"一人之身，而百工之所为备"，势不能皆"自为而后用之"，势必请教他人，而要请教他人，则因智识之悬殊，他要敲起竹杠来，势必至于无可如何，甚且不会知道。

然则欲使社会的关系,回到简单,除将一切物质文明摧毁,更有何法呢? 这话差了。大家知道,和人交涉最易上当的,是律师和医师。然而律师和医师,所以给你当上,并非由于他智识的专门,而是由于他的利害和你的相对之。你的当越上得大,你的钱越出得多;你的钱越出得多,他的荷包就越装得满。假使不在这种情形之下,你和他并无利害关系,只是和医师闲谈病理,请律师讲演法律而已,我敢保管他,决不给你当上的。瓦匠、木作、工程师、建筑公司和你的关系,亦系如此。同理:若有一种组织,使人的利害彼此相同,则人和人的互相扶助,自无可疑。人的性质,是环境铸成的。处于互相扶助的社会里,其性质自然和现在大异。如此,人人遵守道德,连仁义的名目都用不着,决不是不可能的。老子说:"民之难治,以其上之有为。"这句话最有道理。因为上之治下,必用权力。用权力,固然可以治好一时,矫正一事,而从此世人就知有权力了,对于比他弱的人,就都要使用起权力来。倘使遇见比他强的,则又变形而成为狡诈,天下就从此多事了。所以说郅治之世,必是淳淳闷闷的。但这所谓淳淳闷闷,只是指人对于人的关系。彼此都无计划利害之心,因之不分人我,和天真未凿的孩子一样。至于对于自然界的知识,和驾驭自然的能力,还是要求其进步的。哪怕比现在再突进几百几千几万步,只要社会的组织,能使人之利害,立于共同之点上,地球上就是乐园。

第二农家。中国人向来有崇古之癖,这也并非无因而然的。我们的物质文明,在后世,固然总较古代为进步,而且确是逐渐进步的。然而社会组织,则从大同降至小康,从小康降入乱世,确是逐渐退步。在现在而求社会进步,只有两条路可走:其一,是人的能力,再比现在增高。不论道德、智识、才能,都要比现在增高数十百倍。夫然后能将现在人所不能措置的艰难复杂的问题,措置得

妥妥帖帖。二则社会比现在简单。一切艰难复杂的问题,都消灭
了。由前之说,生物学证明其不可能。由后之说,则从前的世界,
本系如此的。不过因我们在进化的路上,偶然走错了一个方向,又
未能不远而复,遂至歧之又歧,迄今还彷徨中野罢了。由人力曾经
做到的事,虽然失去,必可以人力恢复之,我们要有这信心。而其
方法,则道家之言,深可考虑。农家也是和道家一鼻孔出气的。只
可惜其说无存,只有许行之言,还吉光片羽,保存于《孟子》中罢了。
《滕文公上》。然而也是深可玩味的。许行说:"贤者与民并耕而食,
饔飧而治。"这个,在健全的社会里,本系如此的。须知我们所谓政
府,包含两种性质,一种是治理公务的性质,我们可以替他取个名
字,唤做账房性质。一种是权力压迫的性质,亦可以替他取个名
字,唤做军警性质。人和人的利益,互相冲突了,军警性质,才成为
必要。亦因其利害关系的复杂,账房中的事务,乃觉其纷繁。若在
人人相诚相与的社会中,事务既极简单;复杂都由人对人的关系而来,
统带一师兵,决不如管理一个小学校容易。管理一件大机器,和管理一件小
的机器,却是无甚区别的。而其法,又不待以权力守之而自固,则所谓
政府,不过和现在任何团体中的执行委员一样,何不可"并耕而食,
饔飧而治"之有? 再者:从乱世回到小康,从小康回到大同,自然
是要经过相当的手续的。道家说:"掊斗折衡,而民不争。"这话最
使人怀疑:明明有争在这里,如何能先去其平争之具呢? 殊不知
此处的"斗衡"二字,乃指争夺之原言之,并非指斗衡其物。争必有
其原。苟能举争之原而去之,哪里还用得到平争的器具? 争之原
是什么呢? 美恶之相形,即是其中的一事。诚如孟子之言:"夫物
之不齐,物之情也。"我们无法使人认美恶之物为同等。然而美恶
之物,纷然杂陈,任人各视其力,以从事于争夺,此等社会制度,则
是人力可以防止,可以矫正的。许子之道:"布帛长短同,则贾相

若。麻缕丝絮轻重同，则贾相若。五谷多寡同，则贾相若。屦大小同，则贾相若。"论量不论质，就是要粗的驱逐精；使全社会之人，享用的程度一律。孟子说：质之不同，尤其量之有异。论量不论质，一定没有人肯做精的。而不知许子之意，正要如此。这话就驳得不相干了。然而许子之道，决不是使社会退化的。要享用大家享用，这本是人和人相处当然的道理。譬如一家之中，子弟糟糠不饱，而父兄日饫珍馐，可乎？古人说："雕文刻镂，伤农事者也。锦绣纂组，害女红者也。"景帝后二年诏，见《汉书·本纪》。现在世界上，就因消费自由，所以制造奢侈品的人多，而从事于必要品的生产的人，就形其不足。倘使行许子之道，社会进化到第一级，大家就只准为和第一级生活相当的消费；到生活程度进化到第二级，消费才跟着提高一级；三级四级以上，莫不皆然。社会的文明，还是会进步的。而因苦乐之不平，以致酿成乱事，阻塞进化之机，甚至把已造成的成绩又毁坏了，这等事都没有了，社会就进步得更快。

第三儒家。儒家的主张，不及道家和农家的彻底。他虽然也梦想大同时代，然而其所提出的办法，都是根据于小康时代的。他普通的议论，也都称颂小康时代的几个人，如禹、汤、文、武、成王、周公等。后来尊信儒家的人，大都即认此项办法为满足。对于更高一层的境界，反加以排斥。此种人居其最大多数。间有少数，承认自此以上，还有一层更高的境界，如《宋史·文苑传》载罗处约作《黄老先六经论》，说："六经之教，化而不已，则臻于大同。"这种人就是凤毛麟角了。承认小康之治，即为登峰造极之境，此等见解，实在是不合理的。因为天下无阶级则已，有阶级，则两阶级的利害，总是不能相容的。小康的理论，是等级的高低，比例于其才智的大小。《荀子·荣辱》："夫贵为天子，富有天下，是人情之所同欲也。然则从人之欲，则势不能容，物不能赡也。故先王案为之制礼义以分之，使有贵贱之等，长幼之差，知愚、能不能之分，皆使人载其事，而各得其宜；是夫群居和一之道也。故仁人在上，则农以力尽田；贾以察尽财；百工以巧尽械器；士大夫以上，至于公侯，莫不以仁厚知能尽官职；夫是之谓至平。故或禄天下而不以为多；或监门御旅，抱关击柝，而不自以为寡。故曰：斩而齐，枉而顺，不同而一。夫是之谓至平。"这一派议论，是人人认为合理的。其实所做事业之不同，是各人兴趣之各异，并无因此分别报酬厚薄的理由；而人各有能有不能，亦是天生成的性质，难能可贵的事业，非是愚重赏所能养成的。所以荀子此等议论，我们只认为是社会已分等级后所生出来的一种解释。至于究极之义，则我们认为许行的话，是不错的。并耕而食，饔飧而治，生活不和其所从事的工作相关，更无论因此而分厚薄了。说起来，似乎也很言之成理。然而实际哪有这一回事？总不过凭恃一种力量的人，占据着社会的上位，因而盘踞不去罢了。以才智的大小，定等级的高低，不过是事实既成之后，所生出来的一种解释而已。

　　儒家的意思，到底是以小康为已足，所谓大同，不过心存慨慕，并不希望其实现于后世，亦不以为可以实现于后世的呢？还是别有一种理论，一种方案，而无传于后呢？这个问题，在后世，随各人的主观，而其答案不同。我们在今日，亦很难作十分肯定的答案。但观于《礼器》篇中"礼，时为大"一语，则儒家似乎确有较彻底的主张。"时为大"的注脚，是"尧授舜，舜授禹，汤放桀，武王伐纣，时也"。禅让放杀，是就当时的历史所举示的一个最显著的例。礼也者，"因人之情而为之节文"。有怎样的人情，就替他定怎样的节文。至于人情的变更，则是定礼范围以外的事，礼家可以置诸不问。古代所谓礼，范围是很广泛的。政权的授受，也是礼的一种。照《礼运》的说法，"人情而协乎禅让"，禅让就是当行之礼，"人情而协乎放杀"，放杀就是当行的礼。然则人情而协乎民主，民主就是当行的礼，人情而协乎苏维埃，协乎法西斯蒂，无不皆然。然则岂有执定一时之法，而强已变之人情以就之之理？固执旧礼教，以为天经地义，以致于转以诒害，如近人所诋旧礼教吃人之类，其非礼教之咎，而为拘墟小儒之不克负荷，不待言而可明了。无论哪一种学问，盛行的总是普通之论为多；其中较高的议论，总在若存若亡之间。这（一）因传述学问之人，中材多而上智少。（二）则接受此传播之人，更是中材少而下驷多。所以昔人亦说：仲尼没而微言绝，七十子丧而大义乖。刘歆移让太常博士的话，见《汉书》本传《楚元王传》。刘歆排斥今学家的话，是靠不住的。但这两句话，却是事实。从孔子没后，传至汉朝，儒家的要义，已不知散失多少了。即如《春秋》，"文成数万，其指数千"，该是条条有义的，可是现在的《公羊》，空存其条文的居其强半，就是一个证据。又致慨于"书缺有间""非好学深思，心知其意，固难为浅见寡闻者道"，《史记·五帝本纪赞》。儒家的议论，其不能执今日所有之书，而自谓足以尽之，就更彰明较著了。但儒家普通的议论，足以匡正社会的，亦复不少。譬如《礼记·坊记》说：有礼则"富不足以骄，贫不至于约"，这可见消费总该有个规范，和世俗有了钱，便可无法无天，任意所欲的，大不相同了。狗彘食人食而不知检，孟子因之严切责备梁惠王。然而梁惠王不过不知检而已，究竟不过一个失察处分。上海早几年，有人在番菜馆里，天天定购牛肉若干，供给狗吃，而自己坐着摩托车去取，这岂但不知检而已。此等事可否自由？假使实行儒家的教义，能否自由？然而儒家此等教义，为什么都不行，单剩几条责备弱者的教义，变本加厉，致被礼教食人之讥呢？无他，道德的教条和法律，都是强者的工具，甚而至于是其武器。强者之所便，则变为不可干犯的天条；其所不便，则变成僵石罢了。这是不论什么教义，都是如此的，正不必独为儒家之礼教咎。

其四法家。法家经济上的眼光，似较儒家为进步。儒家但注重于地权,法家则兼注重于资本。社会进步了,"一人之身,而百工之所为备",断不能皆"自为而后用之",势不能不"通工易事",而交易之事,遂必不能免。交易的初期,"以其所有,易其所无",各得所欲以去,原无所谓吃亏便宜。迨其日益兴盛,而商遂成为专业,则生产者一方面,非商无以售其有余;消费者一方面,非商无以给其不足。因为生产者和消费者,无从直接;且皆不知外面的情形,而所谓市场,遂为商人所控制。给与生产者和消费者的利益,都只是最小限度;其余都入于商人。所以当工业资本未兴起前,商人是社会上唯一的榨取者,而其余都是被榨取者。复次,生产技术愈进步,则资本之为用,愈形重要;而其物不能人人皆有。于是占有资本的人,在分配利润时,就可以攫取一大部分;不但其资本所应得的利子而已。此等情势,当春秋战国之时,早已开始。所以法家所主张的:第一,凡有独占性质的事业,都该归之于国家,如《管子》所谓"官山海"。《管子·海王篇》。第二,凡轻重敛散之权,宜操之于上。这就是官营商业,使商人无所谋大利。如《管子·国蓄》篇说:"民有余则轻之,故人君敛之以轻。民不足则重之,故人君散之以重。""敛积之以轻,散行之以重",则"君必有十倍之利,而财之櫎可得而平"。如其不然,则"民人所食,人有若干步亩之数矣,然而民有饥饿不食者。何也? 谷有所藏也。人君铸钱立币,人有若干百千之数矣,然而人事不及,用不足者,何也? 利有所并也"。所以"人君非能散积聚,钧羡不足,分并财利,而调民事",则虽"疆本趣耕,铸币无已",徒然使"下民相役",必不足以为治。《汉书·食货志》:王莽下诏,说《乐语》有五均"。注引邓展说:《乐语》是河间献王所传。又引臣瓒说:其文云:"天子取诸侯之土,以立五均,则市无二贾,四民常均;强者不得困弱,富者不得要贫;则公家有余,恩及小民矣。"这便是古代官营商业之事。《管子·揆度》篇所说百乘、千乘、万乘之国立市之制,亦可参看。

第三是借贷之权,当操之于上。人是无资本不能生产的,只得借贷之于巨贾蓄家,而巨贾蓄家,往往因此而邀倍称之息。于是生产之所得,大都为其盘剥以去;而劳力的人,依旧不免于饥寒。这就是《管子·轻重甲》篇所说:"万乘之国,必有万金之贾;千乘之国,必有千金之贾;百乘之国,必有百金之贾。""乘其币以守民之时","贫者失其财","农夫失其五谷",遂至于"一国而二王"。《管子》的办法,则《国蓄》篇说"使万室之都,必有万钟之藏,藏镪千万;使千室之都,必有千钟之藏,藏镪百万。春以奉耕,夏以奉耘;耒耜、器械、种饷、粮食,毕取赡于君",那就"大贾蓄家,不得豪夺吾民"了。国家安得如此巨大的资本呢? 则仍恃轻重敛散之术。《山至数》篇说:"国之广狭,壤之肥饶有数;终岁食余有数。彼守国者,守谷而已矣。曰:某县之壤广若干,某县之壤狭若干,则必积委币。于是州县里受公钱。""泰秋,君下令,谓郡县属大夫里邑,皆藉粟入若干。""泰夏,赋谷以市樶,民皆受上谷,以治田土。"泰秋,再"敛谷以币",如此,就循环不穷了。法家经济的政策,十之八九,存于《管子》书中。对于经济进化的认识,法家可以说最深,道家可以说最浅,这或者也是时代使然。所以法家之言,也是很可考虑的。自汉以后,深知其价值的,只有一个桑弘羊,惜乎行之不得其法,别见下章。以上是就法家特有之点而言。至于制民之产,要求其平均;消费一方面,要有一定的规范,自然其议论也是和儒家相同的,今不赘及。

第五墨家。墨家是卑之无甚高论的。他所提出的,只是一个救时的实行方案。其于高深的学理,是不甚提及的。他主要的办法是节用。非乐、节葬,是节用的条件。所以鼓动人,而希望其实行的,则是兼爱。天志、明鬼,是达到兼爱的手段。当时庄子讥刺他,说:"其道太觳。""墨子纵能独任,奈天下何?"见《天下篇》。殊不知墨子所陈，乃系凶荒札丧之变礼；即社会遇天灾人祸，以致困穷时的办法。社会当困穷之时，用度应较平时为减省；而其减省，是应合上下而皆然，古代本系如此。譬如《礼记·王制》篇说："三年耕，必有一年之食，九年耕，必有三年之食。以三十年之通，虽有凶旱水溢，民无菜色，然后天子食，日举，以乐。"又如《曲礼下》篇所说："岁凶年谷不登，君膳不祭肺，马不食谷，驰道不除，祭祀不县，大夫不食粱，士饮酒不乐。"《玉藻》篇所说："至于八月不雨，君不举。"便是古制之可考的。卫文公遭狄难，而大布之衣，大帛之冠；齐顷公有鞌之败，而七年不饮酒，不食肉，也还是行此等古礼的。以齐顷之事推之，则越勾践的卧薪尝胆，亦不过行此等古礼，而后遂衍为过甚的传说罢了。"庖有肥肉，厩有肥马，……民有饥色，野有饿莩"《孟子·梁惠王上》。"凶年饥岁，君之民，老羸转乎沟壑，壮者散而之四方者，几千人矣，而君之仓廪实，府库充"，这本是社会规制已废坏后的现象。假使当仓廪实，衣食足，虽有凶旱水溢，民无菜色之时，而墨子还要勤生薄死，主张非乐节葬，那自然类乎无病而呻。然而春秋战国之世则何如？这时候，一部分人的用度，虽然奢侈，然合全社会而观之，是否是凶荒札丧的世界？庄子说"其道大觳"，其如全社会的生活程度，只得如此。满堂饮酒，一人向隅而饮泣，则四坐为之不乐，何况"劝客驼蹄羹，霜橙压香橘；暖客貂鼠裘，悲管逐清瑟"；"朱门酒肉臭"，而"荣枯咫尺异"，启视门外，便见"路有冻死骨"呢？古人利害共同，报恩和同甘共苦之心，都较后人为发达。所以宰予要短丧，而孔子诘以"食夫稻，衣夫锦，于女安乎"？又说"女安则为之"，《论语·微子》。如庄子之言，我们也要用孔子诘问宰予的话，反诘他了。至于荀子，说："不足非天下之公患，特墨子的私忧过计。"照他的说法，只要凡事都有办法，不足是不成问题的。见《富国篇》。这话说来似乎也很有理。殊不知荀子所说的，是古代的所谓礼，而墨子所提出的，也是古代的所谓礼。礼之隆杀，视乎其时，当凶荒札丧之时，而仍行平世之法，那是蔡京的所谓丰亨豫大了。墨子之政是法夏，而儒家说夏之政忠；又说"救僿莫若以忠"，《史记·高祖本纪赞》。可见儒、墨相通。当社会困穷之时，君臣上下，都应以哀矜恻怛之心，行勤生薄死之事，这原是人心之同然，而亦即是天下之公理。讥刺墨子的人，只是不明于其说的立场而已。墨家还有一句话，可以特别注意的，就是墨家巨子所说的"情欲寡"。见《荀子·正论》。现在天下的人，都以为人之性是好奢的；所以节俭总是违反人的本性的，多少有待于勉强。殊不知享用程度的适宜，应以生理和心理的状态为标准。过俭固非所堪，过奢亦非所欲。奢侈祇是在不正当的社会中所养成的恶习惯罢了。所以中是本性，俭和奢都是病态。礼的不背于人性，就以此为其原理。而道家"适情辞余，以性为度"之说，见《淮南子·精神训》。亦是深知此义的。必知此义，然后墨子之道"反天下之心"之难解，而此义，尤可以破现代人的迷惑。

　　周秦时代的学者，对于社会改正的意见如此。其是非得失，究竟如何？请待下章批评。

第十章　汉代的社会改革

从大同到小康,从小康到乱世,社会的组织,一天天变坏;人生其间的,一天天无所保障,而纯靠自力竞争。败的固然做了牺牲,胜的亦朝不保暮。人生其间,真乃无乐趣而有苦趣了。当这时代,人如何不想改良向上呢?在后世,人习于病态者既久,以为天下本不过如此,那就无从说起了。在周秦时代则不然,大家还保存着健康时代的追忆,总以为人不就是这样的;社会也不该是这样的。此等心理,滂薄郁积,自然迟早总有实行的机会。

实行该在什么时候呢?那自然是统一之后了。因为(一)前此忙于竞争,无暇顾及治理。(二)而且天下分裂,即有愿治之主,亦苦于无法推行。推行于一地方,其效验是有限的。而且有许多事情,一局部无从行起。所以统一之后,实在是将社会根本改良最好的时机。苦于最初统一的君主秦始皇帝,其所做的事情,专以固威权、图娱乐为目的,虽然其外征,或者也有为国家立一个长治久安的基础的意思,不必尽出于侈欲,然而在这时候,实非当务之急;而其所用的手段,也不得当。于是第一个机会错过去了。

秦灭汉兴,该是第二个可以根本改革的时代。这时候,是人民不堪政府的暴虐,起而把政府推翻的。固然,其中还有很复杂的别种原因，然而这总是其中最重要的一个原因。得天下者自然该替民众想想法子了。然而刘邦是个无赖子。一时的将相，非武夫，即刀笔吏。刀笔吏是只能做事务官的，建立不出什么政策来；武夫更不必说了；所以只好一事不办。后来人都说他们不愿意办，其实与其说不愿意办，毋宁说是不懂得，不会办。这种情势，直持续到文帝初年。

汉朝到文帝时，才真是可以办事的时候。因为前此，中央政府时时猜防着功臣。这时候，内而靠他和功臣相持的外戚已亡；功臣死者前死，仅存的亦垂垂老矣，无复野心；拥有广土的同姓诸侯，虽然在形势上很成为问题，然尚未到决裂的地步，还很有回旋的余地。所以这时候，是很可以，而且很应该从根本上改革的时代。然而文帝却只行了一个似是而非的道家政策。

怎样说文帝的道家政策，是似是而非的呢？道家的宗旨是无为。无为就是不起变化的意思，这在第七章中，已经说过了。道家所以提出此项宗旨，因为其时代较早，其时的社会，本是好的，只要掌握政权，能使社会起变化的人，不造种种恶业，使社会变坏就够了。这时候，社会变化的机键，全在这一部分人手里，所以道家针对他们说话。至于汉代，情形就不然了。其时社会业已复杂；而又国土广大，人民众多；各地方风俗不一。无论从教化方面，或者刑禁方面说，中央政府都不能真成为全国的重心。和春秋时代，中等国土，令行禁止的情形，已大不同。古代的治理，所怕的是贵族的阻格。法家竭力要扩张君权，就是为此。倘使政令而能及于人民，人民总是真实奉行的。没有后世法令成为具文；庙堂三令五申；文告奏报，都说得堂皇美备；而到社会上一看，却全没有这回事的情形。所以古代改良政治，和改良社会两问题，关系较为密切。在后世，则政治的力量，仅能维持极粗的治安线。如不许杀人放火等，较为积极的事情，都无从办起了。如其办之，不是有名无实,就要反生扰累。这是古今政治的一大异点。借政治的力量来改革社会的所以难行。比诸古代的小国寡民,则相去不可以道里计了。此时"富"与"贵",业已分歧而成两事。固然贵的人总要富些,然而未必皆富。富的人以法律而论,其地位原不过和穷人一样,甚且不如穷人。如汉时法律,贵农夫而贱商人。然而在事实上,其权力势必甚大。政治法律,都无如之何。所以这时候,不但君主一个人,即使凡有政权的人,都能够清静自守,亦无益于治。因为社会复杂了,能使社会起变化的,并不止这少数有政权的人。而且这时候的社会,久已变坏了,也无待于当时的人,更行作恶而使之变坏。所以这时候的社会,非大加改革不可。必大加改革,使社会的组织成为合理的,然后以清静无为守之,乃为善用道家之学。否则只是牢守着恶习惯,只是随顺着病理,并不能称为善于卫生。汉代的用道家之学,不始于文帝。当萧、曹为相时,所行的政治,即已合于此主义。吕后虽说不上推行什么政策,其所行,却也暗合于此的。《史记·吕后本纪赞》:"孝惠皇帝、高后之时,黎民得离战国之苦,君臣俱欲休息乎无为。故惠帝高拱,高后女主称制,政不出房户,天下晏然。刑罚罕用,罪人是希。民务稼穑,衣食滋殖。"文帝以后的景帝,亦能谨守此义。所以此种政策的持续,可以说有七十年。然而其效果,除政府不自扰民,于许多害民的因子中,算是除去了一个之外,其余都更无所得。这话怎见得呢?请举《史记》为证。《史记·平准书》说武帝初年的情形道:"非遇水旱之灾,民则人给家足。都鄙廪庾皆满,而府库余货财。京师之钱,累巨万,贯朽而不可校。大仓之粟,陈陈相因,充溢露积于外,至腐败不可食。众庶街巷有马,阡陌之间成群;而乘字牝者,摈而不得聚会。守闾阎者食粱肉,为吏者长子孙;居官者以为姓号。故人人自爱而重犯法,先行义而后绌耻辱焉。"这真可谓国富民安了。然而又说:"当是之时,网疏而民富,役财骄溢,或至兼并。豪党之徒,以武断于乡曲。"兼并是该行之于穷困之时的。富庶之日,如何反行起兼并来呢? 可见其所谓富者,不过总计全国的富量,有所增加,而并不是均摊在众人头上。所以这时候的富人,固然远较天下初平时为富,穷人则还是一样;而贫富相形之间,其悬殊或者反较大乱初平时为甚。就物质数量而论,大乱之前,无论如何,总较大乱之后为远胜。然而当大乱之前,人心必蹙然感其不足,一似不可一日居者。到大乱之后,赤地无余,倒也罢了。这可见所谓足不足,物质的关系尚浅,而心理的关系实深。所谓贫穷者,实非真正的物质缺乏,而为贫富相形的问题。历代当承平数世之后,社会生计,必有蹙然不可终日之忧。议论的人,不过归咎于(一)人口过多,土地不足。(二)社会风气渐侈,生产虽增,消费亦随之增加;其增加的程度,或至超过生产增加的程度。对于第一个问题的计划,不过移民垦荒,改良农业……对于第二个问题,则大都主张修明礼教,提倡节俭,禁止奢侈。其实第一个问题,通全中国而言之,不论哪一个时代,距真正到来的日子,总还甚远。这是另一个问题,非此处所能详论。至于第二个问题,则消费超过了生产,当然是要穷的。对付这种穷,除节俭外,更有何策? 这是理论上当然的结果,更无疑义,而亦是大家切身之患。论理,应该大家都知道警惕的。然而历代行之,总是无效。不论政府的奖惩,民间的劝诫,都是如此,这是什么理由呢? 因为人心总是好奢的。这所谓奢,并非物质消耗多少的问题,而是人和人互相比较,不甘落后的问题。所以苟有人引诱于前,必有人追随于后,无论定什么标准为消费程度的等差,实际上总是无效的。而历代的禁奢,莫不承认此等差别之存在,此其收效之所以甚少而几等于零。真正生产的程度增高了,而后消费的程度,随之而增高,本来不成问题。所苦者,富力的增加,实在只偏于一部分,而大多数人的消费,都要勉强追随于其后，那就成为很严重问题了。然而无严切有效的禁令，而希望这少数的富人，顾念一般的生活程度，而自行节制其消费，不超过众所能堪的水平线，是万无此理的。苟有少数人之消费程度增高，大多数人，必将不顾其生活程度，而勉强追随于其后，又为势所必至，而无可如何之事。历代承平之后，风俗势必渐趋奢侈；而风俗既趋奢侈，总要成为生计上严重的问题，即由于此。所以讲经济，非兼顾到消费方面，是不彻底的。要兼顾到消费方面，其第一义，即在禁奢。而禁奢的有效政策，是要对着少数有资力的人施行的，劝谕大多数人无效。汉朝的文、景，未尝不躬行节俭，然而却未能禁奢。能制民之产而不能禁奢，其政策尚且无效，何况两者都不能呢？这是文景的休养生息所以无裨于社会的理由。文景之后，武帝继起，重用了一个桑弘羊。桑弘羊这个人，向来不过当他是个言利之臣，以为是个善于言利的贾人子而已。其实他是个很有学问的人。他所行的，全是管、商一派的学说，读《盐铁论》可见。但是他行之为什么不见其利，但见其害呢？这有两种原因：第一，他虽有学问，而亦是一个窥时趋势的佞臣。所行的政策，虽有理由，而其意既注重于筹款，则不免将本意抛荒，而只成为一种搜括的政策。其二，这时代的人，久已习于私产了，以私产时代的人的心理，行社会主义的政策，本已无以善其后。而况桑弘羊所用的，又有一部分是商人。商人是最自利的，而亦是最善于牟利的，所以当时所办的事，其内容实在不可究诘。我们试引一段《盐铁论》上贤良文学的话，以见其概："故民得占租，鼓铸煮盐之时，盐与五谷同价，器和利而中用。今县官作铁器，多苦恶；工费不省；卒徒烦而力作不尽。家人相一，父子戮力，各务为善器；器不善者不集。农事急，挽运，衍之阡陌之间。民相与市买，得以财货五谷新弊易货，或贳。民不弃作业，置田器，各得所欲。更繇省约，县官以徒复作，缮治道桥,诸发民便之。今总其原,一其贾。器多坚硗,善恶无所择。吏数不在,器难得。家人不能多储,多储则镇生。弃膏腴之日,远市田器,则复良时。盐铁贾贵,百姓不便。贫民或木耕手耨,土櫌啖食。铁官卖器不售,或颇赋于民。卒徒作不中程,时命助之,发征无限,更繇以均剧,故百姓疾苦之"。盐铁一事如此,其他可以类推了。桑弘羊所行的事情,可以分为三类:(一)盐、铁、酒酤,是官卖性质。(二)算缗钱,舟车,是增税。(三)均输,是官营商业。官卖的事如此,增税自然更只成为搜括的政策。官营商业,此时在官的资本,也断乎控制不住广大的市场,自然是徒与商人争利而已。我们看《史记·平准书》和《汉书·食货志》所记载的情形,便可知其所行,社会政策的意思,一点也不存在。

先秦时代,抱持社会政策的思想的,共有五家:道家和农家,宗旨是很相近的。实行道家的学说,纵不能算就是实行农家的学说,也可以说是和农家很为接近。墨家:因其道大觳,为治者阶级所不堪;又其徒党为侠,亦为在上者所深忌;所以没有见用的机会。然而文帝的节俭,亦可以说略得墨家的意思,不过其无益,亦和其用道家之学一样。因为这时候奢侈的人多了,消耗物资,败坏风气的,并不是你一个人,单是你一个人甚而至于你的一家能节俭,又有何益?而武帝时桑弘羊行管商之学又如此。然则先秦五家之学,已经有四家行之而无效了,虽然不是彻底的奉行,总算能略师其意。以当时人心的滂薄郁积,决不能如此而遂止。儒本是东周以来的显学;自武帝表章六艺、罢黜百家以来,其在社会上,更有最大的威权;自然其所主张,总有一次实行的机会。

汉代儒家的议论,传于后世者最多。这固由武帝以后,儒学专行,亦因作史的人,如司马迁、班固等,都是儒学的党徒之故。我们把儒家议论,归纳起来,大约可分为两点:(一)生计问题,即制民之产的问题。（二）教化问题。重要的是纳民于规范。能纳民于规范，则其消费自然合度。所以教化问题，在生计上说，可以说是包含消费问题的。虽然儒家的教化问题，其范围并不如是其狭。

儒家的主张，是富先于教的。此等证据，随处可见，可以不必再举。"救死而恐不赡，奚暇治礼义哉"？此是很浅近易明，而亦是普遍不易的道理。所以先富后教，在理论上，本无可怀疑。但是亦有一端，要注意的。由贫而致富，必须要相当的时间，亦必须要相当的办法。倘使正在进行的中途，而有一班人，不顾公益，恃其多财，任意消耗；大多数人，势必追随于其后。如此，消费之量，永无节约之时；并生产之事，亦将受其妨碍，富之目的，永难到达；教更不必说了。所以教在富之后，不过是一句大概的话。在实际上，是不能绝对分离的。而所谓教，并不单是劝导，连用政治法律的力量，以制止一切逾越规范的行为，亦都包含在内。

汉儒的议论，因为太多了，我们现在不再钞撮，以避麻烦，仅约举其大纲如下：（一）他们对于生计问题，注重于制民之产；而所谓产者，即是土地问题。他们所梦想的，自然是井田制度。虽没有具体恢复的主张，可是通观他们的议论，即可知其终极的目的，实在于此。至于调和现实，求其易于实行，以为渐进之办法，则是限民名田。第一个提出的是董仲舒。后来拟有具体办法的是师丹。但为恶势力所阻碍，未能实行。（二）他们所谓教化问题，就其全体的规划言之，是要改良风俗，把人民一切行为，都纳之于轨范之中。单就生计一方面说，则禁奢尤为重要之义。其中贾谊，第一个提出这问题。后来主张得最激烈的是翼奉。他主张非迁都不能更化，就是因为旧都之中，恶势力太深厚了，新法制难于实行。此可见汉儒言改革的，都以能实施新法制为要义。

儒家的论生计，对于生产、消费两方面，可谓都极注意。独其对于交易方面，则无甚主张。"市廛而不税，关讥而不征"，这是一种很陈旧的思想。当各地方交通未便利、商业未发达时，商人是生产消费者之友而非其敌；当这时代，自然要尽力于招徕。到后来，商业资本发达了，商人变为社会上最跋扈的人。以社会政策论，固然要制裁他。即就财政而论，亦乐得抽他们的税，且亦很应该抽他们的税。为什么还要拘定"县官当衣食租税"而已的旧见解，汉朝卜式的话，见《史记·平准书》。这是隋以前言财政者通有的思想。所以晋初定律，把关于酒酤等的规定，别定为令。因为法律不易改动，而令则可以随时增损。这就是表示天下太平之后，这许多赋税，应得废除的意思。见《晋书·刑法志》。隋文帝得天下后，亦把一切杂税，渐次废除。可参看《文献通考·国用考》。中国自唐中叶以前，国家正当的收入，可说是专恃田租、口赋、力役三者。别种收入，只是不得已时的搜括，在理论上，始终没承认其正当。现在恃为收入大宗的关盐等税，都是创始于唐中叶以后，逐步发展起来的。所以然者，乃因唐中叶以后，土地为藩镇所擅，国家收入减少，而用度增加，乃不得不取之于此。宋定天下之后，照前此的成例，是应该一概撤废的。但因养兵太多，所以沿而未废。行之既久，大家觉得这些税，也无甚大害，就无人更主县官当衣食租税之论了。这是事实使然，并非人们在理论上有何发见。这可见人们思想的陈旧。反对一切新设的税目呢？当时所增的新税，固然扰累特甚，然而实际办理得好不好是一回事，新税是否应当增设，又是一件事。儒家的不注意大工商业，我以为其理由系如此：儒家的意思，人的生活，应守一定的轨范的。而其所谓轨范，却是比较上陈旧的生活。假使儒家此项目的而能达到，则当时商人所恃以获利的条件，即根本取消。因为陈旧的生活，是比较上处于自给自足状况之下的。如此，商业资本，不必要节制；商人也无待于贱，而这问题自然解决了。譬如今日，我们倘有法子，使全国人的生活，都回到闭关时代，穷乡僻壤的状况，洋货及一切奢侈品，哪得会有消场？又何劳谈什么节制资本、关税壁垒……政策呢？这话并非我胡猜,当时的儒家思想,似乎确系如此。读《盐铁论·散不足》篇可见。然而这实在是落伍的思想。在这一点,我以为贤良文学之言,不如御史大夫多多了。

凡事总是进步的;而后起的人,尤易奄有前此的众长。所以王莽虽号称儒家,而其政策,实已兼该儒法。他所以不肯墨守当时通行的今文经说,而要另创一派古文之学,即由于此。因为古文之学所举的书,较为广博。其中有一部分,是时代较后,而其办法,较适切于当时社会的。如他行五均赊贷时,所根据的《乐记》和《周官》,即其一例。

王莽的设施,今约举如下:(一)更名天下田曰王田,奴婢曰私属,皆不得卖买。其男口不盈八,而田过一井者,分余田与九族乡党。(二)于长安及五都,洛阳、邯郸、临淄、宛、成都。立五均官。改长安东西市令,五都市长为五均司市师。皆置交易丞及钱府丞。(三)诸司市以四时仲月,定物上中下之价,各自用为其市"平"。卖买之物,周于民用而不雠者,均官用其本价取之。万物昂贵过平一钱,因汉代钱价贵,所以如此。则以平价卖与民。(四)工商能采金、银、铜、锡、登龟取贝者,皆自占司市、钱府,顺时气而取之。(五)诸取众物,鸟兽、鱼鳖、百虫于山林,及畜牧者;嫔妇桑蚕、织纴、补缝;工匠、医、巫、卜、祝,及它方技;商贩、贾人、坐肆,列里区谒舍;皆各自占所为于其所在之县官;除其本,计其利,十一分之,而以其一为贡。(六)民欲祭祀,丧祀而无用者,钱府以所入工商之贡但赊之。但,徒也。但赊,谓空借,即不取息。祭祀毋过旬日,丧祀毋过三月。欲贷以治产业者,均受之。除其费,计所得受息,毋过岁十一。(七)凡田不耕者为不殖,出三夫之税。城郭中宅不树艺者为不毛,出三夫之布。民浮游无事,出夫布一匹。其不能出布者,尤作县官衣食之。(八)五均赊贷,即莽所谓六筦之一。此外还有（甲）盐，（乙）酒，（丙）铁，（丁）名山大泽，（戊）铁布铜冶，亦都收归官办，总称谓之六筦。

王莽的政策，我们综括起来，是：（一）耕地收归国有，平均分配。（二）耕地以外的土地——山泽，归官管理。（三）盐、铁、酒、冶铸之业，收归官营。（四）商业由官统制。滞销而有用之物，由官照成本收买，以保护生产和运销者。此项买进之物，物价高过平价时，即照平价卖出，以保护消费者。（五）此外各项以营利为目的的事业，都收其税，以供乏绝者之借贷。（六）不事生产者有罚。但无从得业的，县官亦得给他杂事做，而供给他的衣食。合各方面而兼筹并顾，真可谓体大思精了。但是，（一）此等制度，用何等机关推行？推行之时，用何法保证其有利无弊，或随时兴利除弊？（二）就商业一方面说，在官有多大的资本，能控制市场？这实在是很大的疑问。

关于第一个问题：因人习于私产制度之已久，此种改革，势必不能自动推行；势必有待于国家。国家推行一种政策，势必藉手于官吏。但官吏亦久已成为一种谋生的职业。人的普通性质，权力没有限制，总是要滥用的；利总是要尽量攫取，愈多愈好的。官吏是权力在手，可利用之以牟利的人，所以做官与作弊两个名词，几乎常相联带。自然，不待监督，而自能清廉奉公的人也是有的，但这总只是少数。以一般情形论，上文所说的几句话，总是无对不争的事实。这无所谓世风不古，亦无所谓中国人具有特别的劣根性。以一般情形论，不论古今中外，总是一样的。这有很坚强的证据，不过在此处无暇评论罢了。——老实说：此等普遍而易知的事实，人人反省而可以自明的心理；已无待于罗列证据的。所以"督责之术不可废"，自战国以来的法家，久已视为政治上的铁则；而我们在学理上、经验上，确亦承认它是一条铁则。"旧税是良税"，这是为什么？因为（一）习惯了，负担的人，不大觉得苦痛。（二）而习惯是有最大的势力的。既已成为习惯，负担的人，固然不易解除其负担；诛求的人，倒也不敢随意为逾分的诛求。倘使逾分诛求，被诛求的人，就要因其不合习惯而引起反抗了。新税则不然，故于逾分的诛求最便。这一种原理，是适用于一切诛求上的，不但租税。所以当创制改法之时，行政上的督责，需要更加严厉。新莽对于这个问题，却是如何呢？我们并没有听见他特设一个监察的机关；亦没听见他格外注重于监察的事务。只知道他迷信立法，以为"制定则天下自平。公卿旦入暮出，议论连年不决。不暇省狱讼冤结，民之急务"。甚至"县宰缺者数年，守兼一切，贪残日甚"。对于督责一端，反而格外废弛而已。而其所用的，又有一部分是商人。这个和用桑弘羊同弊。当时行政的情形，就可想而知了。

关于第二个问题：我们虽不知汉代的市场，究有多么广大，当时人民的日常生活，必有待于交易者如何。然而自东周以来，商业资本，久已活跃；而以国家之力，控制市场，则只见《管子》一类的书，有些理论，是否实行，很成疑问。即使曾经部分实行，此时也久已废坠了。况乎并部分实行的形迹而不可见呢？然则国家而要控制市场，这一笔雄厚的资本，从何而来？无资本，则周于民用而不雠之物，用什么东西去买进？物价高过平一钱时，用何法处置？固然有工商之贡的收入，然而这是要留着预备平民赊贷的。倘使移作控制市场之用，平民赊贷的资金，又无着落了。况且当时工商之贡，究竟收到多少，也很成疑问。即使所收甚多，以当时行政监督的疏阔，能保其不入私囊么？桑弘羊均输之法所以能行，因其使各地方都以本地方的出口货为赋，不啻增加一种新税，而新莽又不闻有此。然则当时五均司市的资本，从何而来呢？资本之成为疑问如此，而行政的效率如何，更成疑问。史料虽然缺乏，以理度之，恐当时的商业控制,不会有多大的成绩;甚而至于不免骚扰。

新莽之所行,是无一不足以扰乱经济界的。而其尤甚的,怕是改革币制一事。汉人的日常生活,必有待于交易自然还不如后世的密切,观其钱价之贵可知。《史记·货殖列传》说:谷价应上不过八十,下不过三十。汉代的一石,我们粗算它是现在三分之一,则现在的一石谷,在汉时,只直钱二百四十文。这是经济常态中最高的谷价了。事实上,宣帝时竟跌至谷石五钱,则现在的一石谷,只直钱十五文。钱价之贵如此,所以当时零星贸易,并不能用钱。《盐铁论·散不足》篇说,当时买肉的人,是"负粟而往,易肉而归"。买肉且然,买菜更不必说了。然而钱在当时,究已成为人人不能不用之物。观《汉书·食货志》所载李悝《尽地力之教》,估计农家一年所获的谷,直钱几何;除日食之外,一切开支,用钱几何可知。固然,这是为计算的方便,以钱论价;实际使用之时,未必都支出现钱,然而此等支出,其不能全不用现钱,亦可推想而得。即谓不然,大宗交易,现钱亦总不可缺的。而在当时,各种生产,都已和商业发生了密切的关系,这也是无可怀疑的事实。然则货币如何好扰乱呢? 自秦始皇至汉武帝,币制变更了好多次。只有汉武最后所铸的五铢钱,得民信用。这个理由,现在不必深论。而在当时,五铢钱得人信用,则是事实。而王莽却将币制改为五物、六名、二十八品。如此烦杂的币制,自然是一日不可行的,而莽却禁汉五铢钱甚严。在私产社会中,凡生产,都是为着交易,所生产的都是商品。到底有用与否,生产的人是并不知道的。不过眼看着市场,什么东西,向来是有用的,在交易上是可以获利的,就从而生产之罢了。所以生产的正常,必有待于市场的稳定。以交易为分配,自然不是分配的好法子。然而这是人人赖以生活,一日不能暂离的。新分配的方法未立,而先将旧交易制度破坏,这不但恃交易以牟利的人,一朝失其所恃;就是从事于生产的人,也觉得无所适从；而在消费方面，除却真能自给自足的人，这时代恐没有罢。也都陷于困境了。一切诛求扰累的事，无论如何严峻，总不易使人人都受其影响的，惟有币制则不然。《汉书》说新室变法的结果，是"元元失业，食货俱废"，其最大的原因，怕即在乎此。这怕是新室政府的致命伤。

因全国经济界普遍失常而引起的骚乱，自然不是一个政府的力量所能镇压的。而新室政府的运命，遂于焉告终。其所怀抱的理想，和其所制定的政策，亦一齐拉倒。

这不是王莽一个人的失败，实在是先秦以来谈社会主义和政策的人公共的失败。因为王莽所行的，都是他们所发明的理论，所主张的政策，在王莽不过见诸实行罢了。从此以后，大家知道社会改革，不是件容易的事，无人敢作根本改革之想。如其有之，一定是很富于感情，而不甚了解现状之人，大家视为迂阔之徒，于社会上丝毫不占势力。"治天下不如安天下，安天下不如与天下安"，遂成为政治上的金科玉律。久而久之，就并社会本来是好的而亦忘掉，以为本不过如此，视病理为生理了。自东汉以后，国家更无从根本上平均财产的思想。其有之，则以农田为限。亦是取去其太甚，逐渐进行的政策。质而言之，兼采限民名田和官授田的两种政策。晋朝的户调式，北魏的均田令，唐朝的租庸调法，三者是相一贯的。控制物价，亦以食粮为限，即常平之法是。此外如唐刘晏之所行，则主要的目的，在于财政，顾及社会经济，至多其副目的。这两者，行之都不能收效。不但不能收效而已，常平是现在还有此法的，我们眼见其并不实行。即户调、均田、租庸调等制，究曾实行至何程度，也是一个很大的疑问。自此以外，只有偶或行之的借贷政策，如宋代的青苗法；及规模很小，如宋代的广惠仓；或者临时施行，如蠲免租税的救济政策了。此等和社会经济的根本，可说是毫无关系的，所以不再叙述。

第十一章　到大同之路

　　孟子说:"大人者,不失其赤子之心者也。"这句话说得最好。假使有一个成年的人,其道德心,竟和赤子一样,我们自不得不推之为大人了。但是大人和赤子,仍有一个异点。赤子是未曾接受环境的影响,所以能保其大人之德的。但其年渐长,受社会的渐染日深,而其道德心,亦即随之而沦丧。大人则不然。他受环境的影响,已经很深切了。对于恶社会,是很能够了解的。随波逐流,加入作恶的力量,也是有的。因其天性之独厚,观察之独深,不以恒人之所谓幸福者为幸福,深知福与善必相一致。于是卓然独立,不为环境所转移。既不为环境所转移,则多少必能转移环境,这才不是为环境所决定的大人;而是靠自己的力量,改造环境,以回复其天德的赤子。必至此,才可谓之入于不退转地。个人如此,社会亦然。被环境所决定的社会,是靠不住的。古代社会,环境好的,竟能实现出大同世界;其坏的,就野蛮残酷得更无人理;而组织极好的社会,遭遇坏环境,亦即随之为转移,即由于此。必其经历万难,知识增高;知道从前所走的,都是歧路,而自动的有意识地回复过来。这种赤子之心,才能保其不再丧失。这是历史上的大同时代,和今后的大同时代不同之点,正和赤子同大人的异点一样。

觉得所处的社会不好，而想把他改造，不是始于现在的。几千年以前，早有轰轰烈烈的运动了。如前两章所述。但是为什么终于无效呢？

　　其一，是由囿于小康，误以为所谓禹、汤、文、武、成王、周公之治，即是登峰造极之境，不敢作更进一步之想。不但自己不敢作此想，遇有持此等议论的，亦必力加排斥。宋儒疑《礼运》非孔子之言，即其一例。而不知所谓禹、汤、文、武、成王、周公，即三代之治者，其实是阶级之治。既有阶级，两阶级的利害，总不能相容。无论自觉地，不自觉地，总处于此肥彼瘠的地位；总不免明争暗斗的行为。此岂言治究竟之义？无论后人所谓三代之治者，实多半杂以理想，不易达到；即实际上三代的情形，恐亦不易回复。因为即仅如此，所需"公""仁"之心，也远较今日社会中人所具有为多。此等有限量的"公""仁"之心，在后世的社会里，也是不易实现的。因为根于自私自利之心而来的制度，总是愈演进而愈形其深刻的。

　　其二，后世谈社会改革的人，其哲学上的见地太偏于唯心论了。孟子说："待文王而后兴者，凡民也。若夫豪杰之士，虽无文王犹兴。"《孟子·尽心上》。又说："无恒产而有恒心者，惟士为能。若民，则无恒产，因无恒心；苟无恒心，放辟邪侈，无不为矣。"《孟子·梁惠王上》。都明明承认多数人总是中材，而所谓豪杰之士，只是少数。少数豪杰之士，固然可以希望他同环境反抗，多数中材，则总须先改造其环境，然后能得到解放。好比压在颓墙之下的人，苟非力士，必先把压在他身上之物起去，他才会爬起来。此理在古代，本来人人明白的，所以说到治天下，总要从改革制度一方面着想。在恶制度之下，责人为善的很少。后人此等观念，却茫昧了。对于环境，总不想努力改良；只想在现状之下，责人以为善。而不知道大多数人，总是被环境决定的，有怎样的环境，就只有怎样的社会。因果关系，丝毫不得差忒，哪有希望的余地？

其三，前项所述的弊病，是东汉以后才盛的。大约鉴于新室改革的失败，所以不大敢谈改革制度，而专在人心一方面着想。西汉时代的人，还不是如此，先秦更不必说了。然而从东周至西汉，不论是全局或一枝一节的改革，亦无不终于失败，这是什么理由呢？我说：他们的失败，亦有两端：（一）狃于小康以降的局面，以为人生来有君子小人之分，小人总是不能自治，要待治于人的。于是一切法子，无不是自上而下。不知领导人民，开发人民，共同从事改革，而一味操刀代斫。人民能了解，而且觉得自己需要的事，就办得好，否则就办不好，此例在历史上不胜枚举。譬如常平仓，是官办的事业。法虽良，意虽美，到后来便有名无实了。义仓的本意，是令人民自办的，所以比较上办得好。然其起原，仍由在上者之提倡；故人民实亦不能自动；管理之权，乃逐渐归之于官；而其事亦遂有名无实。社仓的起原，可以说是人民自发的，所以成绩最好。然而放行之处，并非人民皆能自动，故其好坏，亦即视其能否自动以为衡。又如役法，是唐宋以来，厉民最甚之政。其实并非唐以后才厉民，不过自唐以后，所传的史料，才较详备罢了。以制度言，自宋讫明，以事实言，亦可谓自宋讫今，议论纷纭，竟无良策。而人民能自办义役的地方，则官事办而人民亦不受其害。人民的自治，竟能补救政府治理之力之穷了。又如民兵：宋朝神宗时所行的保甲，试读《宋史·兵志》所载司马光、王岩叟的奏疏，其有名无实，反滋扰累的情形，真要令人气结。然试一读苏轼《请存恤河北弓箭社》的奏章，则又令人气足神旺。总而言之：人民能自立法而自守之，其力之伟大，实非操刀代斫的政治家所能想象。此等例不胜枚举。（二）狃于古代自给自足的小社会。不知分工合力的范围虽然扩大，人和人的联结虽然因此而密切，但只要彼此利害，不立于敌对地位，而立于共同的地位，人总还是相亲相爱，无诈无虞的。而误以为风俗要回到古初之淳，则人对自然的关系，及人与人的关系，亦必须回复到古初一样，则非将社会倒退数千年，退化其技术，而割断其人与人间之联系不可。这如何可行？《盐铁论》的《散不足》篇，最能表现此等思想。汉人讲重农抑商，不想出一种新分配的方法来，以代商人的交换，而只想抑制商人。果如其所希望，商人尽反于南亩，岂非分工合力的范围，骤行缩小？而社会生活程度，将倒退数百千年？

新室以前的革命，东汉以后的改良，无不失败，其重要的原因，大概不外乎此了。然则我们今日，苟反其道而行之，能否使社会逐渐改善，而终至于上理呢？于此，我想先引一篇昔人的文章，使读者之胆气一壮。这一篇文章是清代乔光烈所撰，篇名为《招垦里记》，其文如下："招垦里，在宝鸡南万山中。去县郭绝远，为人迹所罕至。乾隆初，予令宝鸡。按县版，得其里名。以问吏，吏曰：'是僻处山谷，与外邈隔。前官来此者，虽出行县，卒未有一往其地，盖畏其荒险而惮崎岖也。'予顾谓吏：'知县事者，凡山川、里居、土风、氓俗，其远近、多少、饶瘠，若为浇朴，宜周览目省丽于政，宁险远自惜邪？'顾往宝鸡。居无何，属当巡行。因戒吏卒往里中。出郭，渡渭水，至南山下。山尽合，势不可进。见两崖间忽豁圻，若扉半启。土石中裂，类斤斧铲刻所成。然狭逼甚，望之疑径道无所通。吏前告曰：'此往招垦路也。'予勇而入。视其间，才容一骑行。导从不得列。羊肠结屈，蛇盘回纡，宛转循岸壁。仰视天光，如在井底。度行且百里，已日暮，无止舍。得里人穿室山间为神祠者，仅一楹，就休其中。明日，复行。约五六十里许，连山皆分，境忽大辟。平原广陌，井聚庐落，悉见马首。意方豁如。吏曰：'即招垦矣。'里旧编甲凡六，居者数千家。其地宜五种，而菽麦尤盛。其含奥吐腴，而田多膏壤，故岁常登。其材木富而桑柘果蓏足于资。其俗安于耕蚕，供衣食吉凶。里相昏姻，邻尚和乐，而寡讼斗。居其间者，盖几若自为一世然。亦以其去城郭之远，而县邑之人常不至也，以是绝去华嚣之风，而久安朴愿。余少时，读《桃花源记》，特以为出于作者之寓言，及观于是，始叹与渊明所云，未有异者。……里中之民，自少至老，既未尝以事涉县廷，见官府；其赋税亦不劳催科。凡田舍市易，不为券契，以口成质而已。亦讫无变者。乌乎？是犹太古之余，而朴未散欤！……"

　　我读《桃花源记》，在九岁时候。当时父师诏我，说这是寓言。我亦诚以为寓言而已矣。到十四时，读《经世文编》，在其第二十三卷中，看见这一篇文字。这一篇文字，无可指为寓言之理。当时颇因此而疑《桃花源记》之亦非寓言。但当时未有社会思想，《招垦里记》这一篇文字，有何价值？《桃花源记》是寓言，还是事实？有何关系？自然都不成问题。其实这一类事实，散见在昔人记载中，其数甚夥，正不独桃花源与招垦里为独有千古。即以我的浅陋，披览之余，觉得此等记载，遇见的亦不止一两次。惜乎当时看得不成问题，没有钞摘下来。到如今，要想搜罗这一类事实，竟是大海茫茫，无从寻检。除掉这最初所见的一则，脑筋中的印象，毕竟深些，还能翻检出来，其余竟无从搜索了。无已，再举一则民国二十二年十一月某日上海《申报》所载是月十五日山东费县的通信，以作左证，原文如下："蒙山绵亘鲁南，临、郯、费、峄、蒙、泗、新、莱各县，东西二百余里，南北……百余里。泉水清冽，森林遍山。产名药异果及铅锡等矿。因交通滞涩，百年来鲜有入山开采者。山内人民，……尚有野人风。……不知耕稼，仅采山药及银花，易粟而食。其人面色黝黑，声刚而钝。……不履，足底冈子元注："此俗名。"案谓足茧也。有二分厚。登山攀树，捷如猿。居石室内。每村十家数十家不等。皆推举年长有力者，管理村事，颇似部落时代之酋长。凡有纠纷，均诉请解决。婚嫁仪式，与明代无异。民性极蛮横，山外人除采购药材外，不得久居山内，否则必遭暗杀。此等僻处隔绝的社会，对待外人，往往非常残酷，然无害于其人之性质之和平，及其对内之能相人偶。参看

第九章。山居不知岁月，梅花盛开便过年。秋夏工作之余，村长即率全村人民，在山下跳跃聚乐，且唱山歌。有婚娶者，全村前往帮忙广祝，颇有合作精神。居山洞或石室内。室用巨石垒筑，高丈许，甚宽大，无门。可见《礼运》所谓"外户不闭"，并非虚言。在壁上留洞，以透日光。室内敷草为床，全家均睡一室。用薄石板为桌。锅碗系由内地购往。服装类似明代，可见渊明所谓"不知有汉，何论魏晋"亦非虚言。均以土布为之。妇女尚缠足。服装与男子无异。惟头裹粗布帕。言语行动，与内地类似。但无识字者。问其年代，尚不知有民国也。"

　　这与桃花源、招垦里，又何以异？我所以要抄此两则，不过见得人全是环境所造成；有怎样的环境，就成怎样的人。无所谓世风不古，无所谓古今人不相及。假使我们现在，能把环境回复到和古代一样，怕欲求今人之不为古人而不可得呢。但是此等为环境所决定的社会，并不足取。一者他是为环境所决定的，环境变坏，他也要跟着坏。二要造成此等环境，在今日万万不可能。即使能之，而将人类对自然的关系，倒退了数百千年，这又何苦？而况乎其万万不可能呢？我们要造成：（一）对自然的关系，比现在还要良好，而且继续进步，永无停滞之期；（二）而人与人之间之关系，则和古代的大同社会一样；（三）而其此等环境，又系用自己的意志所造成，并非靠运气好，偶然遇到。我们就要造成这样的社会。

　　我们当用何法，造成这样的社会呢？这自然非一言所能尽，而亦非一言所能决。我的意思，以为现在世界上，各个社会，有形形色色之不同，其所以改造之而达于理想的境界，自亦非一途所能尽。执定一种手段，而以为非此不可；而以为惟此一途，是还不免有蓬之心的。《易·大传》说得好："天下同归而殊途，一致而百虑。"归不可以不同，而途则不能不殊；致不可以不一，而虑则无妨有百。然则当用怎样的各种手段呢？这自非浅学如予所能列举，而亦非这一部书所该列举。这一部书只是想考证孔子之所谓大同，实际究竟有无其事？如其有之，则想考明其是如何一回事，如何而降为小康，又如何而入于乱世。简而言之：其意在于考古，而不在乎策今。然而陈古可以鉴今，我这部书虽然是考古之书，不容侈陈现今改革的方法，纵谈现今改革的理论，以自乱其例。然而考古之余，对于今日的社会，自不能毫无意见。竭其千虑之一得，以供今日言社会问题者的参考，自亦是义所当然。我在这里，敢提出我个人的意见。我以为中国古代的办法和古人的见解，有仍足供今人参考者三端，敬陈其说于后：

其一，中国的社会革命，当注重于农人。持马克思主义的人，以为社会革命，必以工人居前线，而农民则非经长期的教育不能望其改变。因为农人无如工人的团结；而且不习于现代生产，倒是固执着私产制度。亦且见闻狭隘，生活简单；笃于守旧，难与维新，不易牖启之故。这话固有相当的理由；观于苏俄的改革，则并有事实为之证明。然而以农立国的国家如我国，难道就不想革命吗？难道坐待我国变成工业国，造成劳资对立的阶级，然后再图革命么？这也未免失之太拘了。我以为以农立国如我国，领导农民革命，正为当务之急。领导农民革命，当用何种手段呢？简单的均田政策，是断乎行不通的。因为他并不能改变农民拥护私产的心理。拥护私产的心理不变，则即使田经一度之均，亦必不久而仍复其旧。在历史上，如晋代的户调式、北魏的均田令、唐初的租庸调法，当其初行之时，田亩总必有比较的平均，然而不久即复于其旧，即以此故。沟洫疆界，岂能终日陈兵以守之？然则如之何而可？我们知道，"非意识决定生活，实生活决定意识"。而人的生活，又是随生产方法的改变而改变的，然则在今日，努力改良农民的生产方法，就是改变农民心理最有效的手段。怎样改变农民的生产方法呢？则耕作使用机械，是其第一要件。唯耕作使用机械，然后今日寸寸割裂的土地，乃觉其不利。然后拥护私有财产的人，乃自觉其此疆彼界之不利。事实最雄辩，到这时候，农民自然逐渐觉悟，而愿将土地整理；而其耕作，自亦渐趋于共同。固然，土地的改正，耕作的共同，未必就是私产制度之废除。然而积之久，制度日进于公，自私之见，终必随之而渐化。到此时，再逐渐施以化私为公的教育，道以化私为公办法，那就真如下令于流水之原了。这种办法，固非旦夕间可以奏效，然而每一事件的进行，总是愈到后来，而其速率愈大，也不得十分迟缓的。正不必用过于急激的手段。这一种说法，偏于激烈的人，或者不赞成；又或者嫌其手段的迟缓，然而我的愚见，颇认为是农业社会真正的出路。耕作使用机械，足以改变农民的心理，俄国的近事，最足供我们的参考。俄国革命以后，将大地主的土田变为耕者所自有。农民自私之心很深，不愿分其收获贡诸国家。俄政府至须遣兵征粮，农民则起而反抗，纷扰甚而国家仍苦乏粮。一九二一年，乃征农税而所余听其私有。于是富农渐起，社会主义几于破坏。一九二八年，有马克维次（Maikevich）者，管理国营农场，以所余机犁，假诸附近农民，而以共同耕作为条件，农民从之。是为集合农场所自始。俄政府乃推行其法于各处。到现在，有耕地、耕具悉数作为公有；并衣食住亦进而共管的。（详见张君劢所著《史泰林治下之苏俄》。）以政令所不能强，口舌所不能争之事，而生产方法的改变，足以转移之，马克思的学说，在此等处，不能说其无效了。而我国古代的所谓"教"，不尚空言，而专注重于改良人民的生活，得此亦足证其自有至理。

其二，经济上分工协力的范围，后世较诸古代，已不知其扩大若干倍了。至于今日，则几将合全世界而为一。此等业已联结之局，固然不能像老子等的意见，还想断其联系，而还之于"老死不相往来"的境界，然而要把社会真正整顿好，则仍有分为若干区域，各别加以整理的必要。现在的趋势,是各地方的联结,日见密切;然而此等联结,实不见佳。我们要联结,而不要这样子的联结。我们要另换一种新联结。新联结必须要有良好的基础,就是被联结的分子,个个都要健全。要求其健全,则其组织不能十分庞大。我们目前的情势,是:(一)所联结之分子,本不见佳;(二)而又因联结之故,更增其恶化。我们的对治之策,是(一)祛除被联结的分子本身的弱点,(二)改良其联结之法,使不至因联结而生出恶果。二者都有将今日之所谓都会者,斫而小之之必要。人类居住区域的大小,亦即每一区域中聚集的人的多少,本因其对自然的关系,而有一个适当的限度。而在今日,人类聚居的情形,大概与天然的形势不合。简单则易治,复杂则难理。大则伦敦、巴黎、纽约、上海,固然无可措手;就是京、平、苏、杭,也已经无能为力了。依我看,最大的都邑,最好不超过万家。这种说法,经济学家,必将闻之而大笑。经济学的原则是要以最少的劳费,得最大的效益。要以最少的劳费,得最大的效果,则生产的规模,不能不大。如此,人类的居处,势必随之而集中。如何能把大都会斫而小之呢?难道想回复到旧式的生产么?殊不知天下事总要两方面顾到,不可趋于一极端。人的聚散,自有其一定的法则。过疏固然不好,过密亦非所宜。什么是人的聚散的法则呢?从人对人的关系言之,则人类相亲相爱之情,乐于群萃州处,是把散居各地方的人,吸集到一处去的,如物理学之有向心力。而人对人,虽其本性上可以说是爱无差等,然其行之,则不能不限于其所能交接之人;而人所能交接的人,事实上总有制限。混在万人如海的社会中,不觉得人之相人偶之乐,而徒苦其烦嚣。这又是一种离心力,限制人不能为无限的集合的。以人对物的关系而言之,人聚得多,则生产的规模大,可以较少的劳费,得较大的效果,这是把人吸集到一处去的原因。而同时，人的密集太甚，又觉得种种不适，又使人感觉到：我们何苦为省这生产上的一点气力，而忍受别方面许多苦痛呢？这又是限制人，使不能为无限的集合的条件。我们对这两方面的评价，酌度而得其中，便是人的聚居自然的限度。现在的生产，所生产之物都是商品。商品须求其价廉，求价廉，先须减轻成本。所以不得不忍受其余的苦痛，以就扩大的生产机关。到所生产的非为商品，情形就一变了。旧式的纺织机，一人一具，是为人而造械器的。新式的纺织厂，聚集至数千万人，是以人就械器。两者都不是好法子，我们要酌乎其中。甲区域适宜于住一百个人，就为他造一副一百个人使用的械器。乙区域适宜于住三十个人，又替造一副械器，较甲区域所用，小到只有其十分之三。甲乙两区域住民的情形，如有变更，械器也就因之而改造了。图生产费的节省，机械总是利于大的，不专在这一标准之下，评论机械，则机械之宜大宜小，就成疑问。即使生产费总是大规模来得节省，我们要利用机械，而不为机械所支配，亦当如此；况乎现代利用最广的蒸汽力，未必不可代以他力。如电力。以他力代蒸汽，生产事业规模的大小，和其生产费的大小，其比例，就未必和蒸汽力相同了。至于人与人间的关系，要在较小的区域中，方易于整顿，则其事更显而易见。因为人多了，则人和人互相亲爱之力不强，而其制裁之力亦薄；事情又复杂而难明；种种恶德恶俗，就都要由此而生了。就都会之起源而言之，无论其在政治上、经济上，都没有必须保留的理由，都是随着社会病态的发展而后有，而后盛的。如因守御故而筑城堡，因成都市；又如乱世，因都市防卫之力较固，人民从而集中，都市因之，愈形发达；这都是政治上的理由。商工业上的大都会，是因为便于牟利起见而发达的；而大都会中，资力较厚，享乐之事较多，亦有人贪享乐而走集于此；这都是经济上的理由。然而无一非社会的病态。所以今日，欲进世界于太平，所谓都会者,实有斫而小之之必要。而各地方的人民,各谋解决其本地方的问题,实在是人类把自己的事情,措置得妥妥帖帖的惟一的途径。我们言治的最终目的,是要全世界风同道一;丰啬苦乐,均无不同。天然的不平等,我们以人力弥补之。而在着手之初,则不能不有赖于各地方的各有整顿。欧文所提倡的新村,所怀抱的,就是此等理想。虽然他的试验失败了,不能说这条路是走不通的;而且这怕是社会改革,一定要走的路。孙中山提倡地方自治,亦是有鉴于此。经济为社会的基础,所以中山的意思,想要以一个地方,成为一个经济上的单位,而力谋其基础的充实。如其所著《地方自治开始实行法》有云:"执行机关之下,当设立多少专局。……而其首要,在粮食管理局。量地方之人口,储备至少足供一年之粮食。地方之农产,必先足供地方之食,乃准售于外地。故粮食一类,当由地方公局卖买。……衣住行三种需要的生产机关,悉当归地方支配,逐渐设局管理。"这就很足以表现此等思想。现在各地方的自治,有许多地方,似乎是反而走向大都会之路上去的。这因现在的所谓自治,其根本并不是人的自治;不是想实现人生世上合理的自处之道,而只是想适合现在的某种主义。到人真能实现其合理的生活时,其目的就和现代大不相同;而我所谓人的聚散的法则,就大有考虑的价值了。然则古代度地居民之制,在言社会改革之家,亦大有参考的价值。度地居民,为司空之职。见《礼记·王制》。其遗法,略见于《管子》的《度地》篇,《汉书·艺文志》"数术略"有形法家。《汉志》说:"形法者,大举九州之势,以立城郭官舍。"亦是此法。惜乎其书尽亡了。《汉志》所著录的《山海经》,非今之《山海经》,说见拙撰《先秦学术概论》下篇第九章。世界书局出版。然其本意,为视地理形势,以定人民住居。则无可疑的。

其三,当从事改革之时,消费的限制,此为礼之一端,而亦可说是礼之最重要之一端。大有考虑的价值,前两章中已言之。即使到太平之世,物质丰富,达于极点,无论怎样消费,总不虞其不足,其实消费毫无制限,生产力无论如何强大,亦总要陷于不足的。所以论经济,决不能置消费问题于不论。可参看第六章注。而人受生理的限制，要顾及卫生，亦不宜为逾分的消费。因为逾分的消费，不但消耗物质，也是消耗人的体力的。而人的欲望，实亦根于生理而发。所以真正健全的人，决不会有逾分的欲望。其人而有奢侈之念，则身心先不健全，必已害了病了。对于此等人，当请医生为之治疗，岂可以尽量供给其消费，为其幸福？这是将来的话，而当改革之时，则禁奢尤为必要的手段。社会生产的技术，在大体上，总是逐渐进步的。然而后人并不比前人富，或且更穷。这全由于：（一）一部分人，得以奢侈，因而造了许多无用之物。（二）一部分人，消耗太多，他部分人因之感觉不足。否则以中世的生产，供给古代的消费；以现代的生产，供给中世的消费；早已菽粟如水火了。财富的价值，终在消费。禁止之使不得消费，其价值即行消失。所以我们用不着剥夺人家的私产，只要办到无论何人，消费总只许在一定限度之内，那私产的制度，就不废而自废了。这固然近于戏语。然而消费的限制严一分，则私产的效用少一分；而人之贪求之心，亦澹一分；则无可疑之理。有了钱，就可以任意消费，这本是资本主义逐渐兴盛，然后如此的。其在前代，本都略有制限。即至后世，逐渐成为具文，然而具文总还在。礼、律中皆有之。历代的制限，皆随贵贱而不同，论者一定要说：这是封建时代，征服之族，暴戾恣睢，压迫被征服之族之举。其实与其如此说，毋宁说是被征服之族，本有良好规则，而征服之族，也不得不俯就几分，若尽率征服者之意而行之，那就要无所不至了。详见第七章。我们现在，当师古代禁奢之法，参以翼奉迁都之意，逐渐创造出许多新都市、新村落来。在此新区域之中，不论何人，享用都是一律。享用一律平等，似乎是很难的。因为现存之物，决不能悉数毁弃重造，分配使用起来，就不能平等了。然而亦有调剂之法。如房屋虽有好坏，可以古人分田，"三年一换主易居"之法行之，就不生分配不平的问题了。其余以此类推。而此享用之限度，则视其地之生活程度以为衡。今年的生活程度，只是衣布，则一律不许衣帛；明年的生活程度，只是吃菜，则一律不许食肉。必待生活程度进了一级，然后享用的程度，乃得随之而进一级。又非一地方的生产力，逐渐提高，产品即专供该地方之享用；必须提出一部分，以协济生活程度较低的地方。此等新区域逐渐推广，则奢侈之风气逐渐消除。各地方之人，消费之程度，都与其生产程度相应，而天下遂无患贫之事。历代禁奢之所以失败，皆由其有等级性，按人身份之高低，以定享用的丰啬。身份低的人，自然不服，而且这也是一种诱惑。如今大家一律，则自无此弊。其行之之法，当从禁售起。某地方为布衣之年，则一律不许开设绸肆；某地方为吃菜之年，则旧有的屠肆，一律关闭。新造的都市，商业都归公营。其就旧都市改良的，商业也要逐渐收归公营。但仍承认私人的资本，发给股票，听其取息。这是初步的办法。将来再徐图取消。商业官营，是改良社会一个最好的方法。私人虽可生产，而不能互相交易，则祇能照其成本，收回相当的价格，而不能利用需要供给等关系，以牟大利。数千年来，活跃于社会的商业资本，生产消费者两方面，都受其剥削的，就可以打倒了。如此，作奸犯科之事，自然一定是有的；而且一定是很盛的。然天下事不能一蹴而就几于上理，总要行之以渐。我们认为义所当然之事，虽明知其难行，总要设法逐渐推行的。譬如现在的毒品，谁敢保其一禁即绝？然而岂能因此而不禁呢？况且私售究与公开有别。现在一切奢侈品，倘亦和毒品一样，不能公然制造贩卖，而只能如毒品的私售，我们已经欣然于公理之大彰；而觉得社会的进步，同飞行绝迹一般了。

以上三端，都是我以为历史上的陈迹，仍足供今日谈社会革命的人的参考的。自然，社会改革之法，不尽于此三端；此三端是否有参考的价值，自随各人的意见而不同。我只是考古之余，陈述个人的感想罢了。

讲理学的人常说,我们要增进道德,和要增进知识不同。增进知识,要增益其所本无。增进道德,则只须将有生以来,所染着的垢污,洗涤净尽就好了。我们试仔细推究,现在所有的罪恶,哪一件是与生俱来的呢? 惟社会亦然。恶劣的风俗,哪一件不是恶劣的制度所造成;恶劣的制度,又哪一件不是人类在进化的途中,环境未臻于美善所致? 哪一件有必然之理? 佛说凡事皆因缘际会所成,并无自性。惟无自性,故能证明其为人类业力所造成;亦惟其无自性,故必可以人类的努力消灭之;我们当有此信念。

我们希望将来的社会:人与人之利害,全然一致。人对物,亦因抗争之力强了,只蒙其利而不受其害。因此,人与人,固然惟是互相亲爱,即其对物,亦无复憎恶、畏怖之念。至于各种达不到目的的希望,则本是不健全的心理所致;而其所由然,又都是社会缺陷的反映。见第九章论宗教处。这时候,也自然消灭了。人就只有快乐,更无苦痛。而此等境界,又系人类觉悟之后,以自力所造成,并非靠偶然的幸运而遇到,所以能保其永不退转。夫是之谓大同。

我们感谢孔子:在几千年前,就指示我们以社会组织最高的模范。我们感谢《礼运》的记者,将这一段话记载、流传下来,给我们以最深切的影响。悬此以为目标,而勇猛审慎以赴之,不但能拯我国民,拯我民族于深渊,并可以出全世界的人类于沉沦的苦海。

我们才知道中国的文化,视人对物之关系为次要,而视人对人的关系为首要;不偏重于个人的修养,用什么天国、净土之说,来麻醉欺骗人,而以解决社会问题为解决个人问题之前提及手段,确有甚大的价值。

当这目的未达、彷徨中途之时,我们自该有甚大的努力。我请诵两大贤之言,以为本书的终结。

曾子曰："士不可以不弘毅，任重而道远。仁以为己任，不亦重乎？死而后已，不亦远乎？"

张子曰："为天地立心，为生民立命，为往圣继绝学，为万世开太平。"

整理后记

《中国社会变迁史》是《大同释义》的白话文稿。

《大同释义》撰写于1933年暑假前，先生自言"天赋之愚，笃于自信"，极想将自己的"一得之见芹曝于全社会"；因虑读书者"和白话接近者较多，和文言接近者较少"，而为"求其传布较广，收效较弘"，于1933年暑假后，将文言文稿改写为白话文。开学后随讲随编，期间又"因病中辍"，直至1934年9月全部写成。先生认为孔子所说的大同、小康、乱世，足以代表中国社会变迁的三个时期，遂改原题《中国社会变迁史》为《大同释义》。首有自序，全书共十一章。

书稿最初收入《吕思勉遗文集》（改题为《大同释义》，1997年9月华东师范大学出版社出版，有删改）。稍后，此书收入"吕思勉文集"中之《中国文化思想史九种》（2009年4月上海古籍出版社出版），为了与文言文之《大同释义》相区分，编者仍沿用先生最初的书名《中国社会变迁史》。我们编入《吕思勉全集》时，再据吕先生留存手稿四册，重新做了校对，除订正错字外，其他如行文造句、概念术语等，均按先生手稿刊印。此部手稿后亦由上海交通大学出版社影印出版。

李永圻　张耕华

2017年12月

附：吕思勉自述①

予生于中法战争之时,至甲午中日战争,年 10 岁。

一、予之家世

家世读书仕宦,至予已数百年矣。予年 6 岁,从先师薛念辛先生读,至 9 岁。其间,薛先生因事他适,曾由史幼纯先生代馆月余。10 岁,薛先生服官扬州,改从魏少泉先生读。12 岁夏,魏先生赴新疆。予父生平,不赞成人自教子弟。谓非因溺爱,失之宽纵;即因期望太切,失之过严;故予自入塾至此,皆延师于家。此时依予父之意,本欲再行延师,惟家庭经济状况,颇起变化。予家有田 20 余亩,向不收租,惟俾佃户耕种,照料先茔耳。在城市中,有住宅两所,市房两所,除住宅一所自住外,余皆出租。亲丁 7 口,予之继祖母父母两姑一姊及予也。其后两姑皆出阁,则惟有 5 口。衣食粗足自给。而在予 10 岁时,再从伯父朗山君逝世江西。朗山君以官为家,卒后一无所有,而亲丁尚有 9 口。虽再从,而予家丁口少,已

---

① 原题为《三反及思想改造学习总结》,文中小标题为编者所加。

为最亲之一支。先君乃迎之同居。自此食指几增一倍,生活遂告拮据。故魏先生去后,未能延师,由予父自行教授。予母及姊,皆通文墨,亦相助为理。此时予已能作文字,予父尝命予以所作,就正于石小泉先生,后又使从族兄少木先生游;先后凡 3 年。惟皆未坐塾,但以文字就正耳。薛以庄老先生者,念辛先生之伯父,而予父之师也,予父尝从之学 9 年;清末,主芜湖中江书院。予父又使予以所作文字,邮寄请正。生平就学之经过如此。予自 10 岁以后,家境即不佳;少时尚无公私立学校,15 岁后稍有之,然时视外国文及技术,均不甚重;故生平未入学校。于外文,仅能和文汉读;于新科学,则仅数学、形学,尝问业于徐点撰、庄伯行两先生,略有所知而已。今亦强半遗忘矣。15 岁时,尝考入阳湖县学,名义上为旧式之县学生。然旧式学校,从无入学读书之事,实系科举之初阶而已。

二、予之学术

至予之学术:则初能读书时,先父即授以《四库书目提要》。此为旧时讲究读书者常用之法,俾于问津之初,作一鸟瞰,略知全体学科之概况及其分类也。此书经史子三部,予皆读完,惟集部仅读其半耳。予年 9 岁时,先母即为讲《纲鉴正史约编》,日数叶。先母无暇时,先姊即代为讲解。故于史部之书,少时颇亲。至此,先父又授以《日知录》《廿二史札记》及《经世文编》,使之随意泛滥。虽仅泛滥而已,亦觉甚有兴味。至 16 岁,始能认真读书。每读一书,皆自首讫尾。此时自读正、续《通鉴》及《明纪》。先父授以汤蛰仙之《三通考辑要》。予以之与元本对读,觉所辑实不完具,乃舍之而读元本。此为予能自读书之始。甲午战时,予始知读报,其后则甚好《时务报》。故予此时之所向往者，实为旧日所谓经济之学。于政务各门，皆知概略，但皆不深细；至于技术，尤必借他人之辅助；仅能指挥策画而已。此在今日崇尚技术之时言之，实为不切实用，但旧时以此种人为通才，视为可贵耳。予如欲治新学术，以此时之途辙言之，本应走入政治经济一路。但予兼读新旧之书，渐觉居今日而言政治，必须尊崇从科学而产生之新技术，读旧书用处甚少。初从水利工程悟入，后推诸军事，尤见为然；又予论政治利弊，好从发展上推求其所以然；亦且性好考证，故遂逐渐走入史学一路。自23岁以后，即专意治史矣。予亦略知经小学。此由在17岁时受教于丁桂征先生而然。先生为予母从姊之夫，于经小学极深沉。但前人虚心，无著述，略有读书札记，暮年客广东时，又毁于火耳。予从先生问业后，亦曾泛滥，略有所得。但至后来，仅成为予治古史之工具耳，不足专门名家，于思想亦无大关系。予于文学，天分颇佳。生平并无师承，皆读书而自之。文初宗桐城，后颇思突破之，专学先秦两汉，所作亦能偶至其境。诗少好宋诗，中年后亦好唐诗，但无功力，下笔仍是宋人境界耳。词所造甚浅，亦宗常州而薄浙派。要之，予可谓古典主义文学之正统派。予于文学，未常用功，然嗜好颇笃；于新文学最无嗜好。读新文学书，极少极少，因总觉其繁冗而乏味，故不终卷辄弃去也。予对一切学问之顽固而拒不接受，无如对新文学者。此于予亦为一种损失。然习惯已深，恐不易改矣。此本不必与通知旧文学有关，然予自行检点，此两者似有关系。以两物相形，厚于此，不得不薄于彼也。

三、予之经历

予之经历：1905、1906两年，始执教于常州之私立溪山小学堂。此时予之家境,尚未大坏,但因设立此校之朱少堂君,于予颇加钦佩,托人来相延,故遂往执教耳。1905 年,予父婴末疾。卧床几一岁,卒不起。先是予父因食指繁多,收入不给,曾将两所市房,卖去一所。至是,医药丧葬,所费甚巨,多出借贷。乃将先父生平善衣,卖得 1300 元,以了债务。家况益坏,乃真不得不藉劳力以自活。而溪山因创办人逝世停办。1907 年,在苏州东吴大学教国文历史。因气味不相投,至暑假辞去。是冬,在常州府中学堂教历史地理,至 1909 年。1910 年,至南通国文专修科教授。此国文专修科,为张季直君所办,培养办理公文人才,属屠敬山先生主持其事。其时求能教作公文者甚难。予虽无经验,而读近代奏议较多,下笔尚觉相合,敬山先生故找予帮忙。在南通一年半。辛亥革命起,予往来苏常沪宁者半年,此时为予入政界与否之关键。如欲入政界,觅一官职之机会甚多;若不乐作官,亦可以学者之资格,加入政党为政客。予本不能作官,当时政党之作风,予亦甚不以为然,遂于政治卒无所与。1912 年,教授上海私立甲种商业学校,至 1914 年暑假前。所教者,除应用文字外,商业经济,商业地理,因无人教,亦无教本,皆由予参考日文书教授。由今思之,甚为可笑。然在当时,固各校多数如此。因其时此等教师,几如凤毛麟角也。此校为上海商学公会所办。因会员心力不齐,至此停办。暑假后,予入中华书局任编辑。予本好弄笔,但在书局,所从事者,均系教科书教授书参考书之类,颇觉乏味。1918 年秋间,中央在沈阳设立高等师范学校。予内姊之夫杨星岑君,介予前往教授国文、历史。予其时亦欲远游,乃辞去中华书局之事。已而该校因草创,人事关系,纷纭不定,遂未行。1919 年,入商务印书馆,助谢利恒君编辑中国医学辞典。予于医学,本无所知,而先外王父程柚谷先生、先舅氏均甫先生、先从舅少农先生,皆治汉学而兼知医,故予于中国医书之源流派别，略有所知。谢君本旧友，此时此书亟欲观成，乃将此一部分属予襄理，至暑假中事讫。暑假后，吴研因君介绍予至苏州省立第一师范学校教授国文。是冬，沈阳高等师范学校仍来相延。予仍乐远行。1920年，遂至沈阳。至1922年，凡三年。1923年，时张作霖对中央独立，沈阳高等师范学校亦由其接收，改为东北大学。教职员中，有若干人视为不顺，辞职而去，予亦其一。时江苏省立师范学校，有数处办专修科，招中等师范之毕业生，肄业两年，后又延长半年，俾毕业后教授中学，第一师范亦其一。校长王饮鹤君相招。1923年，予乃复至该校。至1925年夏专修科毕业之时，凡两年半。所教者为国文、历史。1925年暑假后，因朱经农君介绍，至沪江大学教授国文历史。沪江风气，远较从前之东吴为佳。但予在教会学校中，终觉气味不甚相投。而其时光华大学初创，气象甚佳，确有反对帝国主义之意味。国文系主任童伯章君，本系常州府中学同事，再三相招。1926年暑假后，予遂入光华。此时光华无历史系，予虽在国文系，所教实以历史课程为多。后历史系设立，校中遂延予为主任，予已不能确记其年岁矣。1932年，日人犯上海，光华延未开学者数月。其时光华欠薪甚多，予实难支持。适安徽大学开办，光华旧同事孔肖云任职其中，该校介之来相延，言明决不欠薪。予向光华辞职，光华相留，改为请假，由陈守实君代课。予赴安徽，凡3个月，其欠薪亦与光华无异。予尝有丈夫子四，女子子二，多夭折，存者一女而已，暑假后将读书上海。予乃去安徽，复返光华。1937年，抗日战争起，光华迁租界开学。予携一妻一女，亦遁迹租界，仍在光华教授。1941年冬，租界亦沦陷，光华停办。租界中居民，受敌压迫，亦与内地无异。初常州之陷也，予所自居之住宅，全被炸毁。是时城门由敌兵看守，出入者必向其行礼，予因不愿向敌兵行礼，故迄未归。室中残余之物，为人取携殆尽,惟书136箱,虽经打破抛掷,经亲族代为哀拾,尚得57箱而已。此时居沪与居内地,同一麻烦,而敌兵之守城门者已撤。乃由予妻予女,先行回里,视察情形。觉能善自隐晦,尚可勉强居住。而另一所住宅,战前租赁与人者,尚未满期,房客不肯出屋。乃哀集残余瓦木,加以新买,在废址盖屋两间,勉强暂住。而予于8月1日返里。此时游击区中,尚有中国人自办之中学,颇愿延致知名之士。闻予还里,湖塘桥之青云中学,坂上之辅华中学,均来相邀。予曾在该两校教授一年。因予无法居住乡间,城乡来往,总觉不便,于一年后乃均辞去。惟辅华仍于半年中去过3次,与学生随意谈话而已。在城中则深居简出,信件多由亲戚代为收转。与开明书店约定,编撰《晋南北朝史》,借以自活。1945年,日人降服,光华复校,予乃再来上海。

四、予之思想

予之思想,凡经三大变:成童时,最信康梁之说。予生平不喜访知名之士,人有愿下交者,亦多谢绝之,以泛泛访问,无益于问学修为也。故于康梁两先生,皆不识面。然在思想上,受两先生之影响实最深,虽父师不逮也。此时所笃信而想望者,为大同之境及张三世之说。以为人莫不欲善,世界愈变必愈善;既愈变而愈善,则终必至于大同而后已。至于大同世界,究系如何情状当由何途以赴之尔时年少,不知考虑也。年17,始识从母兄管达如君,管君为谢钟英先生之弟子。钟英先生者,利恒君之父,予识利恒君,亦在此时也。钟英先生亦治史学,以考证名,而实好谈旧日之经济。其言治道,信法家及纵横家之学。予自达如君获闻其说。惟予与达如,均不信纵横家,只服膺法家耳。法家之说,细别之,又可分法、术两派,而予所服膺者,尤为术家。此时循中国旧说,以为凡事皆当藉政治之力改良之,然政治上之弊病,则皆由于在执者之自利。故非有督责之术,一切政事,皆不能行。强行之,非徒无益,而又有害。盖此时年事稍长,能就社会情状,加以观察,故其见解如此也。此时之见解,今加检讨,实有超阶级之思想;而异时信阶级及阶级斗争之说,亦未尝不于此伏其根源。何者?术家精义,在"臣主异利"四字。所谓臣者,非指一定之人,但指处一定地位之人耳。故先秦法家所谓朋党,与后世所谓朋党者,其义大异。后世所谓朋党者,皆因一时之利害,有意互相结合;先秦法家书中之朋党,则其人不必互相知,更不必有意相比,但所处之地位同,故其利害同,利害同,故其行动自然一致耳。此非今日所谓阶级之义乎?何以去此阶级?在今日,则重被压迫阶级之自行斗争;在昔时,则望有一大公无私者,立于最高之地位而制裁之。此大公无私者,何以能大公无私乎?则曰天下自有此一种人耳。故曰有超阶级之思想也。予因此信仰,故在政治上,流为开明专制主义,后虽闻欧美政治家言,此思想亦未曾变。以为在君主专制之国,改善政治,所希望者为贤明之君相;在立宪之国,则所希望者为有贤明之中坚阶级耳。予之以中国旧说与西方旧民主主义革命之说互相结合,其略如此。大同之希望及张三世之说,此时并未放弃,不过不暇作深远之思考,但以改善政治,为走向大同之第一步耳。此予第二期之思想也。马列主义初入中国,予即略有接触,但未深究。年47,偶与在苏州之旧同学马精武君会晤,马君劝予读马列主义之书,尔乃读之稍多。于此主义,深为服膺。盖予凤抱大同之愿,然于其可致之道,及其致之之途,未有明确见解,至此乃如获指针也。予之将马列主义与予旧见解相结合融化,其重要之点如下:(一)旧说皆以为智巧日开,则诈欺愈甚。智巧不开,无以战胜自然,诈欺日甚,亦将无法防治,此为旧日言大同终可致者根本上最难解决之问题。得今社会学家之说,乃知诈欺之甚,实由于社会组织之变坏,非由于智识之进步;而智识之进步,且于社会之改善,大有裨益;将根本之难题解决。(二)超阶级之观点,希望有一个或一群贤明之人,其人不可必得;即得之,而以少数人统治多数人,两力相持,其所能改革者,亦终有一定之限度。此限度且甚小,只及于表面之一层;即其本意所求者,亦不过两阶级可以勉强相安,非真能彻底改革,求底于平;而即此区区,仍有人亡政息之惧。今知社会改进之关键,在于阶级斗争,则只要有此觉悟,善之力量,随时具足;且其改革可以彻底,世界乃真能走向大同。(三)国家民族之危机,非全体动员,不能挽救,而阶级矛盾存在,即无从全体动员。(四)目前非爱国爱民族不可,而旧时之见解,爱国爱民族,易与大同之义相龃龉。得马列主义,乃可以并行而不悖。(五)求诸中国历史,则自王巨公以前,言政治者本重改革制度。尔时政治,所包甚广,改革政治,亦即改革社会也。自巨公失败后,言改革者,不敢作根本之图,乃皆欲从改良个人入手,玄学时代已然,承之以佛学而益甚。宋儒虽辟佛,于此见解,亦未改变。然历史事实证明此路实为绝路。故今日之社会主义,实使人类之行动,转变一新方向也。

五、予之政见

对政局之见解:在戊戌变法时,赞成变法。政变之后,随康梁主张保皇。亦知其时无实力推翻满清政府,希望孝钦后死亡,德宗可以复行其志耳。庚子事变后,舆论对满清政府,渐行绝望,予之见解,亦随众而变。君宪革命之争起,予在手段上,随康梁主张君宪,在感情上则主张革命。当时之希望,为暂时保存满清政府,以行改革，免致争乱，而改革成功之后，则用政治之力，或加以仅少军事之力，一举将满清王室推翻。因中国虽藉旧政府之力以行改革，其权必不在满人。满洲王室，并无根柢，推翻之必不难也。此见解实同于梁任公先生。因梁先生虽主君宪，然有一次，亦曾言中国戴满洲人为君主，即无实权，于政治上无害，于汉人之民族主义，终为一缺憾也。民国以来，因予所希望者为开明专制，共和之虚名，予知其无用，故颇希望实际有一能担当国事之人。此见解，颇与严几道先生相同。后来《学衡》杂志所发表严先生与《熊纯如之书》，多与予尔时之意见相合也。予之见解，凡能拨乱反正者，必为文武兼资之人。文谓在政治上能开明，武谓能统御将帅。政治上不开明，根本不是以言治，然不能统御将帅，则必威权不振，虽有愿治之意，亦一事不能行。历代之开国君主，对此两条件，在一定限度内，皆能具有。民国在名义上虽易为共和，实际上仍未脱此局势，故此种人不能不希望其应运而生也。然袁世凯、段祺瑞、吴佩孚，对此条件，皆显然不足，故予于北洋军阀所组织之政府，殊为绝望。孙中山，予初嫌其武略之不足，国民党改组以后，气象一新，予对南方，颇存希望。但自迁宁以后，对国民政府，亦渐次失望。其主要之原因：（一）由其与江浙财阀合流后，日益贪污腐败。（二）逐渐与反动军阀合流，既无诚意，又无实力，以收拾坏法乱纪之军人。（三）政客亦为民国以来，政局扰攘之一大因素，国民政府亦渐与之合流。国民党则日益腐败。（四）施用法西斯高压手段。予认为天下无如此可以治理之理。国民党与共产党之斗争，以及国民党内自己的斗争，当时并不十分明白其真相。但国民党专对共产党用兵，虽口称安内然后攘外，然其意实非如此，则当时亦知之，因国民政府一切所作所为，皆与人以共见也。予认识共产党之优良，首由共军退出江西后，报馆通讯员，有游历其地者，详述共党在时政治之优良，及其地之人民对共党之怀念。次则西安事变后，报馆通讯，又有详述蒋介石之获释，皆由共产党之大公无私、一意抗日者。此两通讯，大约非见于《大公报》，即见于《申报》。抗战以前，予剪贴报纸甚多，惜皆因故居之被毁而毁灭矣。此时愿望，专在抗日。西安事变后，以为两党必能合作，不复注意其别一方面，故对共产党之真相仍无所知。抗战以后，予亦知日本人政治及军事之力，皆远较国民政府为强，胜利必非易事，但有一中国必不灭亡之信心。以如元清之占领中国，皆由中国只有一部分人与之抵抗，今既全国之人皆知敌忾，则日本必无力全占中国；尤其西南地势之险阻，西北路线之悠长，日人必无力攻入，终可留为中国反攻之根据地也。当国民政府退出武汉之际，西人有著论者，谓中国留在山地的军队，日人必无力消灭，但恐此等军队，苟安山区，不肯力战。予仔细研究湖北战事，亦觉其说非诬。但对于蒋介石及国民政府中位置较高之人，则信其必不降敌。共产党之抗敌，较国民政府为力，当时亦微有所知。（一）因在江南一带见闻所及之处，新四军作战之力，确较国民政府之军队为强。（二）则国民党之官员、党员、军人，多有降敌者，共产党则不闻有是。（三）则太行山区之战绩，逖听使人神王。且国民政府，几将河北山东放弃，而共产党仍能进展至其地；最后且进展至滦州；并有少数展至辽吉边境者。共产党在东北作战之事迹，尔时无所闻，此进展至滦州及辽吉边境之消息，则日人亦不能讳，见于日本之报纸者也。（四）共产党当时之策略，什九无所知，惟毛主席《论持久战》一文，则曾见之，亦深佩其战略。职是故，共产党抗敌之志，更较国民党为坚，抗敌之力，更较国民党为强，在当时亦知之；但（一）总以为共产党正规军不足，配备亦不如国民党军队之良，欲驱逐日人，必不能不藉两党之合作。（二）又其时对于后方之情形，不甚了了。共产党对于国民党既合作又防闲之策略,亦无所知。遇有两党摩擦之事,则以为低级人员之所为,高级人员必不如此,特其力未足制止下级人员,使之不相冲突耳;然亦断不致因此而破坏两党合作之局也。当时之见解如此。胜利以后,予对国民政府,转较抗战时期为失望。盖前此东西遥隔,该政府之劣迹,居于沦陷区者,不甚知之,至此则一一暴露矣。自后方来者,措置之混乱,及其贪污横暴无论矣。日寇之败北,国民政府何力焉?侥幸成功,自当下哀痛之令,深自刻责,方足以平民愤而厉民气。乃每一下令,无不引敌寇之降服为己功,然则如此恶劣之局面,在政府视之,业已心满意足,尚何以激厉民气?当苏联出兵之时,予不意其胜利如是之速。予亦知国民党在河北已无军队,而共产党则有之,私谓国民政府,必以共产党军为前驱,而自发大兵以继其后,会苏联兵共收东北。乃所闻者,则令日本人勿降国民党以外之军队;藉美帝之力,空运军队,以据东北要地而已。不亦令人齿冷乎?与苏联之条约,身所订也,而其党人又攻击之,然则其订此条约也,诚悔祸与苏联相亲善,而承认外蒙民族之自决乎?抑以此为手段,谋纳交苏联,以绝共产党之援,而谋动干戈于邦内也?其肺肝如见矣。然至政治协商会议之开,予心又渴望其成,且以为议必可成。渴望其成者?冀国共两党在议会内作斗争,以方新之共产党,逐渐淘汰腐败之国民党,不必再诉诸兵力也。以为可成者?谓史事不能重复,观于往事,军人不肯释私怨而以身殉之者固多,然在今日,蒋介石当愚不至此也。而孰意其皆出虑外?蒋氏所以敢启此滔天之衅者,盖专恃美帝之援?至此则全与帝国主义合流,虽卖国而有所不恤矣。日暮途远,不得不倒行而逆施,亦势使然也。故自政治协商会议决裂后,予惟日望共产党之成功。解放以前,消息皆被封锁,故予对共产党之政策,解放以后,方逐渐知之。予对今日之政治,根本上可谓百分之百赞成,何也?走社会主义之路,以达到世界大同,为予之素志,而循马列主义及毛泽东思想而行,亦予所认为正确之路线也。至于实际之措施,则可谓有百分之九十赞成。政府之政策正确,计划周详,且能励精图治;干部亦多数振作清廉;皆与人共见者也。其效验之可征者,短期内停止通货膨胀,统一财经管理,治久不能治之淮水,改革土地,振兴工业,调剂贸易与生产,镇压反革命分子,三反五反,底定新疆、西藏,抗美援朝,三年之中,功效卓著,虽敌人亦不能诬也。所不足百分之十者,干部不尽通知政府之意,奉行政府,或失元意,又宣传之意太多,反映人民意见不足,厉行批评与自我批评,亦尚有欠阙。此意尝与附中郦家驹君谈及,郦君曰:"宣传太多者,国是初定,人民未尽了解,不得不然也。"此说予亦谓然。又干部众多,自不能期其皆通知法意。古人有言曰:为治不在多言,顾力行何如耳。予亦曰:为治不在高论,顾力行何如耳,思虑周密深远者,实行之力,往往不足,反不如头脑简单之人,此理亦予所能知。但纠正偏向,当在其未甚之时,既甚而后图之,则将寻斧柯非复拔毛之易矣。此则区区忧盛危明之见也。

六、予之检讨

三反中之检讨。贪污之事实,予自问无之,因生平未曾经手过财物也。此次小组讨论,认为有两件事,可算贪污。(一)在学校阙课不补,而薪水照领。(二)则所编撰之书,有本不愿作,徒以稿费遂为之者。此亦充类至义之尽耳。然贪污之思想,实不可云无。何者?人之所欲不同,而同为有欲。予受旧教育较深,立身行己,常以古之贤士大夫为模楷;又生平无甚嗜好;故如三反五反中所发见资产阶级用以腐蚀干部之手段,皆不足以腐蚀予。有行贿者,予必能拒之,使予作官,牺牲习惯上之收入而有利于民,亦必能为之。此自度能之,不必伪为谦抑,言其不能者也。然遂可云无欲乎?人之所欲,必有其最大者,最后者,受损害者未及于此,皆能牺牲,至于此则难矣。孟子所谓能让千乘之国,而箪食豆羹见于色者也。其让千乘之国,正其贪污也。临真利害而不渝者,惟真有修养之士能之。故古人言慷慨捐躯易,从容就义难。前者犹或动于客气,可以袭取,后者则不能也。且如刘蕺山先生,死明之难,不激烈而失之早,亦不因循而失之迟,而自择一适宜之时,从容就义,绝无勉强,此非真有功夫而能之乎?此真所谓来去自由。数见迷信佛教之净土宗者,妄言能豫知死期,以为来去自由,恶矣。设使当此境界,自问能之乎?曰:不能也。或曰:子未至其境,焉知其不能也?此如考试,虽未至其期,而以平时成绩,与同考者比较,一切皆不逮焉,至考试时能与之齐乎?且如金正希先生,游黄山,立悬崖上,足三分二分在外,心不动,吾辈今日能之乎?然则敢自诩曰:吾亦能如金先生之守徽州,至死不变乎?故曰:贪污思想不可云无也。设有行贿者来而拒之,正中于拒贿之欲耳,犹为魏其沾沾自喜也。惟浪费则亦然,予生平未尝经手公家财物,故亦无所谓浪费。此次检讨,惟在学校考试时,卷纸或有余剩,不交还发纸处,后遂不知所往,此可以云浪费。亦其细已甚矣。然可云能不浪费乎?不能也,何也?浪费本无一定标准,视客观环境而定。皖北乡间,材木缺乏,虽长板凳不能家有,于其地立一机关,布置一办公室焉,必求靠背椅而坐之,已为浪费矣。今在上海,有一机关,故多沙发,弃之何义?虽坐之,庸得云浪费乎?然使真有己饥己溺之怀者,坐之,念人之并长板凳而不能具,而己坐沙发,必有蹙然反不如坐长板凳之为安者。使此等人在皖北布置办公室,必不求靠背椅而坐之矣。今试自问:坐沙发时,有此蹙然不安之念乎?抑或有之,能持久而战胜其相反之念乎？然则使之布置办公室，能无浪费乎？右所检讨，皆近精微。至于官僚主义，则予彻底皆是，不必立较高之标准而后能见之也。何谓官僚主义？曰：凡事皆有名无实。当作之事，实不曾作，而又能巧立一说以推卸责任者则是矣。始焉巧立一说，乃所以避人督责，习之则心亦诚以为然，故初为法律问题者，后遂成为道德问题，世人而皆如此，则万事皆隳坏于冥漠之中。晋人清谈，正系如此。其人思想虽或高超，其行为实亦以守礼者为多，然其诒害于国家社会，则不可讳，亦不可恕也。予自问此习甚深。其所由然，实由予本为一堕落之世家子弟。昔日富贵之家，其创始之人，必出于艰苦之境。虽或为鄙夫，或竟刻薄、凶恶，然其人必有能力。至一再传后，则其子弟生而处于优裕之境，遂懒惰不作事而好享受。即或家道中落，而家庭之积习已成；又其戚族朋友，亦多系此等人；遂堕落而不能自拔矣。此等人中，有纵侈者，有凶暴者，人皆目为恶人，久之，遂至为人所不齿。其温厚谨饬者，人亦不加责备。其中亦有少数，能读书通知学问者，人并目为好人。然其腐败不能奋发有为、趋事赴功则一也。而予即其人也。予自问，性最懒惰，因懒惰故，凡事皆立于旁观地位，止于表示赞否而已，不肯身当其任。生平不欲作官，亦不肯加入政党，此亦其大原因。人有问予：在光华20余年，他校相招者甚多，条件多优于光华，何以终不迁改？其大原因，亦在懒惰，惮于迁改而已。虽切身之事，亦多出以敷衍，得过且过。人有以事问予者，答语多模棱，非欲持模棱免过咎，予视事不容已及必不可者本甚少也。所以如此者，以生平不亲务，但持论，亲务者不能不出于一途，持论者固可列举多端，任人自择，故养成此习惯也。世家子弟，在社会上流品本高；又旧时读书人，有真能读书者，亦有仅从事于科举之业者，前者对后者，亦颇轻视；无意中养成自高自大之习，与人不亲。与人不亲，则自甘孤寂。在学术上不能与人合作，亦不能指导人。不访人，亦惮人见访。因与人不接故，凡事不知真相。不知真相则多疑，遇事须多考虑，考虑虽多，仍无真知灼见，则不能坚持一是，而动摇妥协矣。以习于懒惰孤寂故，亦不思纵侈，但乐优闲。今人自行检讨，每云想住洋房，坐汽车，予无此念。予所神往者，龚定庵先生之诗，曰："红日柴门一丈开，不须逾济与逾淮。家家饭熟书还熟，羡杀承平好秀才。"其所乐者异矣，其所系恋则同也。以好优闲故，自由散漫之弊，自不能免，而不能服从纪律。又习处安全之境，故好说理而惮斗争，以此不能为革命工作。予之学问，本非如今所谓纯技术者流，亦非如今所谓为学术而学术，遭直世变，本应随自己之能力及所处之地位而有所靖献。不能然者，不能自拔于环境之外，夐不自振也。何以自恕，如今人所云防空洞者乎？犹忆亡清捐例将停时，或谓予父：贤郎固能读书，然今世道艰难，为子弟计，当多备可走之路，如狡兔之有三窟。君应筹款，为贤郎捐一职，将来若不需用，自可弃之，多备无患也。予父喟然曰："世变亟矣，予有子，不欲其作官也。"因谓予曰："隐居不仕，教授乡里最佳。"予父所谓教授乡里，非如今之所谓大学教授。如予之所为，自昔人之有德者视之，已为骛声华而非悃愊之士矣。然予父不欲予作官，亦非谓人不当自效于当世，特谓不当如流俗，以作官为啖饭之途径耳。使予能随才力地位而自靖，固亦予父所深喜；而予遇懒惰而欲有便私图时，固尝自恕曰：此非先人之所望于予。是欲自便私图，而委其责于先人也。在民国元年时，章行严君，尝在《独立周报》中自道曰："人之有才，如货物焉。货物当致之需用之处，人才亦宜自度所宜。有宜实行者，有宜以言论唱道者。予自审不能实行，故遂不躬与革命之役也。"此言予颇善之，故尝自期，与其趋事赴功，宁以言论自见。设遇机会，可作幕僚而不可作官。作幕僚或曰无机会，言论不能云无，而有所怀亦什之九不下笔，此当自咎，不可以咎当世也。且古之强聒不舍者谁乎？

检讨予之思想之来源，何属乎？曰：属于资产阶级也。予之立身行己，恒以古贤士大夫为模楷，亦好称诵其言，故人恒谓予有封建时代之余习，其实不然。观人必于其微。人之性质，在深处自有其根柢。所诵习之具体条件，与此根柢无伤害时，皆能行之，及其两不相容，则为此根柢所格，弃如敝屣矣。人类之德性，随社会之发展而发展。封建主义时代曰勇，资本主义时代曰智，社会主义时代曰仁。人之始，与自然相搏斗而生，非勇无以自存。历奴隶社会以至封建社会，一部分人，不用其力以与自然争，而用以剥夺人。勇足用也，而失之暴矣。然但以勇言，其德固有足称者。此时代之人，厚其所厚而昧兼爱。于其所不爱者，视之如仇，贼之若草芥也。于其所厚者，则尽力以奉之，不复计是非利害。李广为卫青所贼，其子敢，又为霍去病所杀，汉武帝徒庇椒房之亲，不能正其诛，而广孙陵犹为之以步卒五千绝幕；无援败降，欲得当报于汉也，而武帝又收族其家，不真视臣如草芥乎？而陇西士大夫，犹以李氏为愧，是则封建时代之典型人物已。后世犹有之乎？岂无志节之士，视死如归者？彼自求其心之所安，非效忠于一人也。何也？资本主义兴，则人日益智，知个人之不足为之效忠矣。故所谓封建主义，久绝于中国矣，如死灰之不可复燃矣。今之世，有进于社会主义而涤除其资产阶级之积习者，守封建时代之余习而未达资产阶级之思想者，则无有也。何也？举世皆然，一人不能独异也。或曰：亲美，崇美，恐美，今之大学教授，比比然也，是资产阶级思想也，子有之乎？无之则何云资产阶级思想？曰：亲美，崇美，恐美，不足以云资产阶级思想也，是直奴才耳。资产阶级无亲，惟利是图。资产阶级，特色在智，智则知人之所至，我亦能之，何足崇焉？惟利是图，知己知彼，力足敌之，则抗之矣，又何恐焉？故真资产阶级，当赞成抗美。其不然者，其利依附美帝，所谓买办阶级也。

曹汉奇君云：子毕生从事教学、著述，当就此两者，加以检讨。今从之。予于教学，凤反对今人所谓纯学术及为学术而学术等论调。何者？人能作实事者多，擅长理论者少。同一理论，从事实体验出者多，且较确实；从书本上得来者少，且易错误。历来理论之发明，皆先从事实上体验到，然后借书本以补经验之不足，增益左证而完成之耳。故致力于书本，只是学术中一小部分。专以此为学术，于学术实未有知也。予之宗旨虽如此，然予之性质，实近于致力书本之人。故历来教学，亦只能教人读书。此观与我亲近之旧同学，皆系好读书之人可知。予虽教人读书，并不主脱离实际。且恒戒学者：学问在空间，不在纸上。须将经验与书本，汇合为一，知书本上之所言，即为今日目击之何等事。此点自问不致误人。然全然破除经生门面，只重知识，而于书本则视如得鱼之忘筌，则病未能也。高深之学理，以浅显之言出之，讲授时亦能之。但将所授之内容，减低程度，亦嫌不足。向持中道而立，能者从之之见。此点，实尚未适宜于大多数人也。

七、予之述作

予之述作，有下列诸书：（一）《中国文字变迁考》。论篆隶真行草之变迁。其中论汉代所谓古文一段，自谓颇有价值。（二）《字例略说》。此书论六书之说，为汉代研究文字之学者所创；字例实当别立；六书中惟象形为文，指事亦字；及整理旧说，辅以新得材料，以论文字之增减变迁；自问亦足观览。（三）《说文解字文考》。文为单体，其一部分成为中国之字母，既非说文之部首，亦非普通所谓偏旁。当从现存之字中句求得之,然后用为识未识文字之基础。予就《说文》一书试为之。(四)《章句论》。论章句两字之本义,即今之标点符号。中国古亦有标点符号,而后钞写、印刷时,逐渐失之。今钩求得若干种,于读古书时补上,可使意义较明显。此事前人虽略引端倪,从未畅论。拙作出版后,亦未见有续论者;至少值得一览也。(五)《白话本国史》。此书系将予在中学时之讲义及所参考之材料,加以增补而成。印行于1921或1922年,今已不省记矣。此书在当时,有一部分有参考之价值,今则予说亦多改变矣。此书曾为龚德柏君所讼,谓予诋毁岳飞,乃系危害民国。其实书中仅引《文献通考·兵考》耳。龚君之意,亦以与商务印书馆不快,借此与商务为难耳。然至今,尚有以此事诋予者。其实欲言民族主义,欲言反抗侵略,不当重在崇拜战将。即欲表扬战将,亦当详考史事,求其真相,不当禁遏考证也。(六)《中国通史》。予在大学所讲,历年增损,最后大致如是。此书下册仅资联结。上册农工商、衣食住两章,自问材料尚嫌贫薄,官制一章,措词太简,学生不易明了,余尚足供参考。(七)《先秦史》。此书论古史材料,古史年代,中国民族起原及西迁,古代疆域,宦学制度,自谓甚佳。(八)《秦汉史》。此书自问,叙西汉人主张改革,直至新莽;及汉武帝之尊崇儒术,为不改革社会制度而转入观念论之开端;儒术之兴之真相;秦汉时物价及其时富人及工资之数;选举、刑法、宗教各章节,均有特色。(九)《两晋南北朝史》。此书自问,总论可看。此外发见魏史之伪造及讳饰;表章抗魏义民;表章陈武帝;钩考物价工资资产;及论选举制度皆佳。论五胡时,意在激扬民族主义,稍失其平,因作于日寇入犯时,不自觉也。异日有机会当改正。(十)《中国民族史》。此书考古处有可取,近代材料不完备。论汉族一篇,后来见解已改变。(十一)《先秦学术概论》。近来论先秦学术者,多侧重哲学方面,此书独注重社会政治方面,此点可取。(十二)《理学纲要》。近人论理学之作,语多隔膜,此书自谓能得其真。惟只及哲学,未及理学之政治社会方面为阙点。(十三)《史通平》。以现代史学观点,平议,推论,亦附考据辩证。(十四)《经子解题》。论读古书方法,及考证古籍,推论古代学术派别源流处,可供参考。(十五)《燕石札记》。考证尚可取。论晋人清谈数篇,今日观之,不尽洽意。以上一至五,十二至十五,商务出版。六至九开明出版。十、十一世界出版。三未出版。此外单篇散见报章杂志者,一时不能尽忆,然不多也。诗文附日记中,日记几全毁于日寇,恐所存已仅,至今未能搜葺也。予所述作,多依附学校讲义而行,故中多普通材料。现甚想将其删去,全留有独见之处,卷帙可简什七,即成精湛之作矣。少时读史,最爱《日知录》《廿二史札记》,稍长,亦服膺《十七史商榷》《癸巳类稿》,今自检点,于顾先生殊愧望尘,于余家差可肩随耳。今人之屑屑考证,非顾先生所不能为,乃顾先生所不欲为也。今人自诩搜辑精博,殊不知此等材料,古人既得之而后弃之者多矣,此意予亦老而后知。然后知少无名师,精力之浪费者多也。

八、予之希望

今后之希望。道德贵于力行而已,不欲多言。学术上:(一)欲删定旧作。(二)夙有志于将道藏之书,全读一过,未能实行,今后如有此日力,仍欲为之。所谓道教者,包括从古以来杂多之宗教;自亦有哲学思想;与佛教又有犬牙相错处;与农民豪杰反抗政府之组织,及反动道门,皆有关系,而至今无人研究。使此一部分,成为中国学术上之黑暗区域;政治史,社会史,宗教史,哲学史,亦咸留一空白。予如研究,不敢望大有成就,必能透出一线曙光,开后人研究之途径也。不知此愿能偿否?马列主义,愧未深求。近与附中李永圻君谈及。李君云:学马列主义,当分三部分:(一)哲学。(二)经济。(三)社会主义。近人多侈谈其三,而于一二根柢太浅。此言适中予病,当努力补修。

写于 1952 年